ORBIS BIBLICUS ET ORIENTALIS

Im Auftrag des Biblischen Institutes der Universität
Freiburg Schweiz
und des Seminars für Biblische Zeitgeschichte
der Universität Münster
herausgegeben von
Othmar Keel,
unter Mitarbeit von Bernard Trémel und Erich Zenger

*Zu den Autoren*

Karl Jaroš (1944) ist Mitglied des Kapuzinerordens. Er studierte Philo-
sophie und Theologie in Linz. 1971 erlangte er in Graz mit der Arbeit
«Der Elohist und das Menschenopfer» den Grad eines Magisters der
Theologie. 1970-1973 studierte er Altes Testament und Arabische Reli-
gionsgeschichte in Freiburg (Schweiz), wo er 1973 mit einer Arbeit
über «Die Stellung des Elohisten zur kanaanäischen Religion» (OBO 4,
Freiburg / Göttingen 1974) doktorierte. 1976 habilitierte er sich mit
der Arbeit «Sichem, Eine archäologische und religionsgeschichtliche
Studie mit besonderer Berücksichtigung von Jos. 24» (OBO 11a, Frei-
burg/Göttingen 1977) für Alttestamentliche Bibelwissenschaft an der
Theologischen Fakultät der Universität Graz. Er veröffentlichte u. a.
auch «Ägypten und Vorderasien, Eine kleine Chronographie bis zum
Auftreten Alexanders des Grossen» (Linz-Passau-Wien/Stuttgart 1976).
Karl Jaroš ist Professor für Altes Testament an der Theologischen Hochschule in Linz.

Brigitte Deckert (1956) ist Studentin an der Theologischen Hochschule
in Linz.

ORBIS BIBLICUS ET ORIENTALIS 11a

KARL JAROŠ
BRIGITTE DECKERT

# STUDIEN ZUR SICHEM-AERA

UNIVERSITÄTSVERLAG FREIBURG SCHWEIZ
VANDENHOECK & RUPRECHT GÖTTINGEN
1977

UV  ISBN  3-7278-0180-8     V&R  ISBN  3-525-53321-7

Für Tante Ida

INHALTSVERZEICHNIS

Vorwort

Der Nablus-Distrikt ist eine der interessantesten Landschaften
ganz Palästinas und die Geschichte der Sichem-Area die für das
Werden des alttestamentlichen Gottesvolkes in politischer wie
in religiöser Hinsicht wesentlichste Geschichte.
Schon vor Jahren begann ich mich mit dem "Sichem-Problem" zu
beschäftigen. Diese Arbeit fand ihren Niederschlag in meiner
Monographie:"Sichem. Eine archäologische und religionsgeschichtliche Studie mit besonderer Berücksichtigung von Jos 24"[1].

Im Sommer 1976 hatte ich die Gelegenheit, mit anderen Mit-
gliedern des "Deutschen Evangelischen Institutes für Altertumswissenschaft des Heiligen Landes" eine Oberflächenforschung auf Khirbet Janun vorzunehmen. Dieser Survey veran-
lasste mich, den Ergebnissen anderer Oberflächenforschungen
in der Gegend Sichems nachzuspüren, ihre Ergebnisse aufzu-
schlüsseln und zusammen mit der Geschichte der Stadt Sichem
zu verstehen. Dieses Bemühen möchte ich in dieser kleinen
Studie vorlegen.
Die vorliegende Studie soll einerseits mein Sichem-Buch er-
gänzen, andererseits mit ihm der bescheidene Beginn für eine
neue und ausführliche Frühgeschichte Israels sein. Aber sie
soll besonders auch dem Leser einen Gesamteindruck der
Sichem-Area durch ihre interessante, Jahrtausende während
Geschichte auf verständliche Weise bieten.

Meiner Mitarbeiterin, Frau Brigitte Deckert, die auch das
erste Kapitel geschrieben hat, gilt mein besonderer Dank dafür, dass die Studie in kürzester Zeit vollendet werden
konnte.

Linz, am 1. Mai 1977                              Karl Jaroš

---

1  OBO 11, Freiburg/Schweiz-Göttingen 1976.

# 1.

## DER NABLUS – DISTRIKT

## 1.1 Allgemeine Beschreibung (vgl. Beilage)

Geomorphologie: Das Gebiet um Nablus ist eine gebirgige Landschaft, die von zwei Bergrücken, im Norden dem Ebal und im
Süden dem Garizim durchsetzt ist. Die Abhänge, aus Erosions-
und weiters unbestimmbaren Ablagerungen, erheben sich im Norden zu einer Höhe von mehr als 400 m, im Süden fallen sie bis
zu einer Höhe von 200 m ab[1].

Bodenbeschaffenheit: Im ganzen Gebiet finden sich Terra Rossa-
Böden. Unmittelbar in Nablus beginnen mediterriane Braunerde-
böden, die sich nach Westen erstrecken. Der Osten des Distrik-
tes weist alluviale Böden auf[2].

Geologie: Durchwegs stösst man auf Schichten des Tertiärs,
hauptsächlich auf die des Eozäns und des Oligozäns. Am östlichen und südlichen Rand trifft man auch Formationen des
Senons und des Paläozäns[3]. Die höchsten Erhebungen liegen bei
900 m[4].

Temperatur und Feuchtigkeit: Die Jahresdurchschnittstemperatur
für dieses Gebiet bewegt sich zwischen $17^\circ$ C und $19^\circ$ C. Im
wärmsten Monat (August) beträgt die durchschnittliche
Temperatur $24^\circ$ C - $26^\circ$ C. Die durchschnittlich niedrigsten
Temperaturen im kältesten Monat (Januar) liegen zwischen $10^\circ$ C
und $12^\circ$ C. Die Differenz zwischen der Durchschnittstemperatur
des wärmsten und des kältesten Monats beträgt im allgemeinen
maximal $16^\circ$ C, jene zwischen Tagesmaximum und Tagesminimum
$10^\circ$ C, gemessen am Jahresdurchschnitt.
Der relative Feuchtigkeitswert kann mit 55% - 65% angegeben
werden, entsprechend dem Tagesmittel und wiederum gemessen am
Jahresdurchschnitt[5].

Niederschlag: Für die Jahre 1931 bis 1960 wurde eine durchschnittliche Jahresniederschlagsmenge von 600 mm festgestellt,
die im Süden und etwas im Norden auf 700 mm bis 800 mm an-

steigen kann (vgl. Abb. 1). 1944/45, das als Regenjahr bezeichnet wird, ergaben sich Werte zwischen 900 mm und 1000 mm.
Diesem folgte ein Trockenjahr, 1946/47, in dem sich Nieder-
schlagsmengen von 300 mm bis 400 mm ermitteln liessen. Als
Mittel der jährlichen Regentage wurde 45 bis 50 errechnet[6].

Klima (Werte im Jahresmittel): Der Nablus-Distrikt fällt in
die mediterriane Klimazone. Die Tagesdurchschnittstemperatur
bewegt sich während 125 bis 150 Tagen um 15° C, während nur
50 bis 75 Tagen um 25° C und mehr.

Verdunstung: An offener Wasseroberfläche beträgt die Verdunstung im Juli 18 cm bis 20 cm, im Januar 5 cm bis 6 cm. Als
jährliche Verdunstungsmenge wurden 140 cm bis 160 cm errechnet.

Wind: An 60 bis 80 Tagen im Jahr lassen sich Anzeichen des
eš-šerqīje (heisser Ostwind) feststellen, während 6 bis 9
Tagen kommt er meist zu voller Wirkung[7].

Wasser: Das heutige Nablus liegt an der Hauptwasserscheide
von Jordangraben und Mittelmeer. Sie trennt das Sanddünenge-
biet nach Westen vom unmittelbaren mediterrianen Einfluss[8].

Quellen: Im Gebiet von Nablus lassen sich zahlreiche Quellen
eruieren; davon zwei mit einem Ertrag von maximal 10 l/sec,
dreizehn weitere, kleine Quellen und drei grössere mit einer
Ausbeute von 10 bis 100 l/sec; der Chlorgehalt liegt unter
500 mg/l[9].

Vegetation: Diese Klimazone begünstigt immergrünes Dickicht
und Wälder, die von Zwergstauden durchzogen sind. Bevorzugt
gedeihen: Ulmus canescens, Quercus ithaburensis, Spartium
junceum, Dorycinium hirsutum, Rhammus alaternus, Cerinthe
palaestina, Echium italicum, Phyllitis sagittata. Letztere
ist in Nablus selber nicht mehr zu finden. Von Irano-Turani-
schen Bäumen wachsen in Nablus die Pistacia atlantica. An
einheimischen bzw. gezüchteten Pflanzungen finden sich Eichen
(Quercus calliprinos)[10].

Nutzbarmachung des Landes: 1930 war die Landschaft um Nablus

kultiviertes Gebiet. Vereinzelt gab es Olivenhaine und Obst-
gärten. Gegen Osten und Süden durchzog ein unbewässerter Land-
strich den Distrikt, der insgesamt noch grossteils unkulti-
viertes, halbtrockenes Bergland war. 1960 hatte sich das
kultivierte Gebiet um Nablus beinahe verdoppelt. Auf den Ertrag
von Oliven-und anderen Obstpflanzungen konnte man weiterhin
zurückgreifen. Den überwiegenden Teil der Fläche beherrschten
nach wie vor die unbewässerten Kulturen und nichterschlossenes,
halbtrockenes Hügelland[11].

Bevölkerungsdichte:
1922: 50 bis 100 Personen/km$^2$ (ausgenommen nomadischer Gruppen)
1931: 50 bis 100 Personen/km$^2$ (ausgenommen nomadischer Gruppen)
1946: 100 bis 200 Personen/km$^2$ (ausgenommen nomadischer Gruppen)
1961: 200 bis 350 Personen/km$^2$
1967: 200 bis 350 Personen/km$^2$

Die Gesamtbevölkerungszahl für den westlichen Samaria-Bezirk
ergibt für: 1922:  53 600
     1931:  61 000
     1946: 134 300
     1967: 144 500[12]

Topographische Lage der Ansiedlungen: Im ganzen Distrikt finden
sich nur zwei Ansiedlungen auf unmittelbarem Talboden, eine
davon ist zu städtischem Gebiet ausgebaut. Aehnlich wenige
Siedlungen liegen auf einer Bergkuppe. Die überwiegende Mehrzahl der Ortschaften liegt am oberen, mittleren oder unteren
Teil eines Bergabhanges bzw. an dessen Auslauf[13].

Landwirtschaft: Der Boden eignet sich bedingt durch die zahl-
reichen Quellen und die Niederschlagsmenge ausgezeichnet zum
Acker- und Gartenland wie auch zum Weideland, das zum Auf-
forsten geeignet ist. Es wird Rinder- und Schafzucht betrieben.
Der Ertrag an Weizen, Gerste und Oliven ist bedeutend. Daneben
wird hauptsächlich noch gebaut (nach den Angaben von 1964):
Tomaten auf 2000 ha bis 5000 ha Fläche
Kartoffel auf 100 ha bis 150 ha Fläche

Zwiebel auf 600 ha bis 800 ha Fläche

Melonen und Wassermelonen auf 400 ha bis 600 ha Fläche

Tabak auf 150 ha bis 200 ha Fläche

Trockenfutter auf unter 25 ha Fläche

Hülsenfrüchte auf 2000 ha bis 5000 ha Fläche

Für Zucker, Baumwolle und Erdnüsse liegen keine Angaben vor[14].

## 1.2 Ortschaften und Ortslagen[15] (vgl. Beilage)

(1) Tell Balâtah:

32° 12' 37" nördlicher Breite, 35° 16' 52" östlicher Länge[16].
Seit 1903 kann es als gesichert gelten, dass wir in Tell
Balâtah die Reste des alten Sichem vor uns haben[17] (vgl. Abb. 2).
"Sichem" heisst "Schulter, Rücken", "Balâtah" heisst "Eichel".

(2) Balâtah:

Unmittelbar im Süden von Sichem schliesst sich das arabische
Dorf Balâtah an. Das Dorf weist einige antike Mauerzüge auf,
die zum Teil noch bis 2,50 m Höhe erhalten sind[18].

(3) Josefsgrab:

Fast am östlichsten Punkt des Dorfes Balâtah liegt das heute
lokalisierte Josefsgrab, arabisch: qabr Yussuf. Das Josefsgrab
ist muslimisch. Es ist ein moderner Bau. In einer Nische steht
der Kenotaph[19]. Im Garten des Gebäudes gab es früher einige
antike Reste, die aber jüngst abtransportiert wurden.

(4) Jakobsbrunnen:

Ca. 680 m südöstlich von Sichem, arabisch: Bir Yakub oder Bir
es Samerieh. Der Jakobsbrunnen gehört mit dem umliegenden
Grundstück dem griechisch-orthodoxen Patriarchat von Jerusalem
(seit 1860). Der ganze Bezirk ist heute ummauert. Im Garten
sind Reste der früheren byzantinischen Basilika aufgestellt.
Weiters ist der unfertige Neubau einer griechisch-orthodoxen

Kirche zu sehen. Der Bau ist 1914 steckengeblieben. Innerhalb
der unfertigen Kirche ist die sogenannte Helena-Säule mit
spätkonstantinischem Kapitell zu sehen. In der Krypta der neuen
Kirche ist der Brunnen. Er wurde 1935 gereinigt und liefert nun
wieder trinkbares Wasser[20]. Der Wasserspiegel beginnt in einer
Tiefe von 25 m. Das Wasser selber steht noch 17 m hoch. Gesamt-
tiefe des Brunnens: 42 m[21].

(5) [C]Askar:
Ca. 1000 m nordöstlich von Sichem, am südöstlichen Abhang des
Ebal. Die Lage des heutigen Dorfes [C]Askar entspricht dem alten
Sychar. Der natürliche Mittelpunkt des Dorfes ist seine er-
giebige Quelle. Heute ist die Quelle durch eine Röhre abge-
leitet. Das ursprüngliche Becken, in das sich das Wasser ergoss,
ist noch unbenutzt vorhanden. Zur eigentlichen Quelle hinab
führen noch Stufen. Die unterste dürfte ehemals eine byzantinische Wandverkleidung gewesen sein. Stufen führen zu einer
kleinen Moschee hinauf. Am Vorplatz der Moschee stehen eine
Vorkreuzfahrer-Säulenbasis und ein hadrianisches Säulenkapitell.
Nordöstlich oberhalb der Quelle steht ein auffälliger Steinblock, der Spuren menschlicher Bearbeitung aufweist[22].

(6) Tananir:
Am unteren Abhang des Garizim ca. 300 m von Sichem entfernt.
Auf Tananir befinden sich antike Mauerreste, die zur Hälfte
von einem arabischen Haus, Beit Abu Mohammed, überbaut sind.

(7) Garizim:
Höhe 868 m. Die Ostseite des Berges fällt steil gegen die
Ebene von [C]Askar ab. Der Zugang zum Berg erfolgt über eine
schmale Strasse von der Westseite (über Nablus) oder auch vom
Rās el-[C]ain aus. Die zwei unteren Drittel sind Kreideformationen,
das obere Drittel ist harter Eozänkalk. Die Kreideschichten
sind wasserführend und so gelagert, dass am Abhang des Berges
gegen die Ebene von [C]Askar, Sichem und Nablus zahlreiche
Quellen auftreten. Münzen aus der Zeit des Antoninus Pius
(138-161 n. Chr.), des Caracalla (211-217 n. Chr.), des

Elagabalus (218-222 n. Chr.) und Philipps I. (244-249 n. Chr.)
zeigen den Garizim bewaldet. Das von Theodotus stammende Gedicht, das sich exzerpiert bei Polyhistor findet, und in der
Praep. Evang. IX 22,1 des Eusebius überliefert wird, bezeugt
den Garizim ebenfalls bewaldet. Der heutige Baumbestand ist
ca. 50 Jahre alt. Arabische Bezeichnungen: Dschebel Abu Ghanem,
Dschebel et-Tur, Dschebel el-Kibli[23].

(7a) Erster Hauptgipfel: Neben den heiligen Plätzen der Sama-
riter befinden sich am Hauptgipfel die Reste des justinianischen
Kastells und der Theotokoskirche. Ueber dem nordwestlichen
Turm des justinianischen Kastells wurde das Weli des Scheich
Abu Ghanem gebaut (vgl. Abb. 3).

(7b) Zweiter Hauptgipfel: Benennung: Rās Kikis. 600 m nördlich
des ersten Hauptgipfels, auch bezeichnet als Tell er Râs. Auf
Tell er Râs befinden sich die Reste des Hadriantempels[24].

(7c) Luza: Nördlich, südlich und westlich des justinianischen
Kastells erstrecken sich die Ruinen des alten Luza, heute
Khirbet Loze. Luza scheint zuerst von den Samaritern bewohnt
gewesen zu sein, später, etwa ab Kaiser Zeno (zusammen mit
Leo II. 474-491 n. Chr.), von Christen und dann von Moslem[25].
Am Hang über dem Rās el-$^c$ain steht ein primitiver Steinbau,
der aller Wahrscheinlichkeit nach ein megalithisches Grabdenk-
mal ist[26]. Auf dem Garizim gibt es noch zwei weitere Weli, das
Weli Ridschal el-$^c$amūd und das Weli des Propheten Sîry. Etwas
westlich von Luza gibt es ein modernes samaritanisches Dorf.

(8) Ebal:
Höhe 938 m. Die zwei unteren Drittel sind Kreideformationen,
das obere Drittel ist harter Eozänkalk. Die Kreideschichten
am südlichen Abhang sind wasserführend, laufen jedoch nordwärts,
sodass am nördlichen Abhang des Ebal Quellen auftreten,
während am südlichen Abhang Quellen nur sporadisch auftreten.
Der Ebal ist am Gipfel spärlich bewaldet, was das Gedicht des
Theodotus nachweisen kann. Aus megalithischer Zeit könnte das
"Steinheiligtum" stammen[27]. Auf dem Ebal gibt es zwei islami-

sche Heiligtümer: das Weli des Imâd ad-Dîn und die Grabgrotte
der ägyptischen Prinzessin Sitt Sulaymiyah. Die arabischen
Bezeichnungen des Berges sind: Dschebel Islāmiyeh und Dschebel
es-Schimali[28].

(9) <sup>c</sup>Arâq et-Tayih:
Modernes arabisches Dorf am südöstlichen Abhang des Ebal. Es
gibt eine Nekropole, die seit der MB I benützt wurde[29].

(10) Nablus:
174 180. Ca. 60 000 Einwohner. Im Jahre 72 n. Chr. baute
Kaiser Vespasian etwa 1,5 km nordwestlich des alten Sichem
die Stadt Flavia Neapolis. Der Ort hiess auf aramäisch Mabarta
(niedriger Bergsattel)[30]. Die Kreuzfahrer nannten die Stadt
Naples. Nach der Einnahme der Stadt durch Saladin im Jahre
1184 wurde die Stadt Nablus genannt[31](vgl. Abb. 4).

(11) Tell Miske:
1873 1825. 25 m Seehöhe[32]. Beim Tell Miske fliessen mehrere
Bäche zusammen. Die Oberfläche des Tell ist mit islamischen
Gräbern übersät. Seine Ausdehnung beträgt 80 m Länge und 40 m
Breite. Beim Steilabfall zum fār a-Bach hinunter lassen sich
verschiedene Schichtungen erkennen.

(12) Khirbet Suwâr:
1779 1811. 500 m Seehöhe. An antiken Resten findet sich eine
geradlinig verlaufende Mauer von 50 m bis 75 m. Die Mauer
weist eine Teilzerstörung auf[33].

(13) Khirbet el-<sup>c</sup>Uqûd:
1781 1817. 620 m Seehöhe. Am östlichen Abhang des Ebal[34].

(14) Khirbet Kefr Kûz:
1882 1823. Der Ort liegt auf einer Seehöhe von 620 m auf einem
dem Ebal im Osten vorgelagerten Vorgebirge und ist heute eine
ausgedehnte Ruine mit einer Nord-Süd-Erstreckung von 300 m -
400 m und einer Ost-West-Erstreckung von 150 m - 200 m. Im
Nordosten lässt sich eine Besiedlung nachweisen. Der

AS 24 Nr. 6 Anm. 23 negiert das Vorhandensein einer Quelle und steht somit im Gegensatz zur Behauptung des SWP II 197, der von einer unterhalb der Ruine entspringenden Quellen spricht. Vermutlich dürfte die Quelle im Sommer versiegen. In der Ruine gibt es neun grosse Zisternen. An ihren höchsten Punkten sind an der Ruine Mauerreste und Spuren zweier voneinander unterscheidbarer Gebäudereste zu eruieren[35].

(15) $^c$Azmût:
1795 1812. Dieser moderne arabische Ort (ohne Quelle) liegt in der Ebene von $^c$Askar (472 m Seehöhe). An seiner nördlichen Grenze stösst man auf alte Mauerspuren. Weiters finden sich Höhlen und Gräber[36].

(16) el-Kharâbeh:
1796 1805. Ruine in der Ebene von $^c$Askar mit einer Ausdehnung von 90 m mal 110 m. In einem Durcheinander von Steinhaufen und einer Anzahl Mauerresten fanden sich von Menschenhand bearbeitete Steinblöcke, Säulenschafte, Säulenbasen und ein Fragment eines Basalt-Kapitells. In der Ruine sind sechs Zisternen vorhanden[37].

(17) Deir el-Hatab:
1805 1805. 490 m Seehöhe. Modernes arabisches Dorf. Der felsige Grund ist von einer dünnen Bodenschicht bedeckt. Es gibt Höhlen und Zisternen[38].

(18) Diyâra:
1805 1803. 500 m Seehöhe. Steinbruch aus dem Altertum. Die Ortslage weist eine grosse Anzahl von Zisternen, Gräbern und Bottichen auf[39].

(19) Sâlim:
181 179. 530 m Seehöhe. Die neue Asphaltstrasse teilt den Ort in zwei Hälften. Der südlich der Strasse gelegene Teil ist alt. Es finden sich Meilensteine, ein Säulenschaft und ein Kapitell. Am südlichen Abhang gibt es Zisternen und ein dazugehörendes Reservoir. Im Osten des alten Teiles von Sâlim stösst man auf

eine Reihe von kokhîm Gräbern[40].

(20) Khirbet eš-Šeikh Nasrallah:
Die Ortslage ist unmittelbar westlich von Sâlim. 520 m Seehöhe.
Am Gipfel lassen sich noch zwei grosse Bauten erkennen.
Terrassen-und Grenzmauern enthalten von Menschenhand behauene
Steinblöcke. Columbarien- und in Stein gehauene Gräber be-
decken die Nordhänge, Zisternen und ein Teich die Südhänge
(vgl. Abb. 5). Die Ortslage ist vermutlich mit Salem zu
identifizieren[41].

(21) Najamet Sâlim:
1810 1784. Ein zentral gelegener, nach allen Seiten offener,
felsiger Hügel der Sahl Musrâra, weist Spuren eines Steinbruchs auf. Es findet sich eine Steinbruchvorrichtung. Es
dürfte sich um einen Arbeitsplatz handeln[42].

(22) Khirbet Qastine:
1654 1781. 450 m Seehöhe. Ruine; am Nordwestabhang ist eine
Höhle[43].

(23) Khirbet Šuweiha:
1855 1785. Diese Ruine liegt auf 520 m Seehöhe im Dschebel el-
Kabîr Komplex. Sie ist geöffnet auf die Bîr Šuweiha hin und
einer heute noch in Gebrauch stehenden, riesigen Zisterne.
Sowohl am Gipfel als auch am Westabhang befinden sich
Zisternen[44].

(24) Beit Dajan und Râs ed-Diyâr:
1853 1788. Beit Dajan ist ein auf ca. 540 m Seehöhe gelegener
Ort gegen das östliche Ende der Ebene von <sup>c</sup>Askar. Gegen Osten
setzt sich der Ort in der Ruine Râs ed-Diyâr fort. Ihrer Nord-
kante entlang weist sie ein Strassenbett (glatter Fels) auf,
das in den nördlichen Teil von Beit Dajan zurückführt. Im Westen
gibt es Höhlen und eingestürzte Zisternen. An den Nordabhängen
gibt es Grabkammern und auch im Osten finden sich wiederum
Gräber und Zisternen[45].

(25) Tell en-Najameh:

1781 1789. Bei diesem Tell handelt es sich um einen kleineren felsigen Hügel, der im westlichen Teil der Ebene von $^C$Askar liegt. Seine Oberfläche ist kaum mit Erde bedeckt und weist keinerlei Zerstörungsschicht auf. Mauerreihen, zurechtgehauene Steinblöcke und handwerkliche Vorrichtungen runden das Bild ab[46].

(26) Rijāl el-Araba$^C$īn:

1688 1782. 660 m Seehöhe. Gräber, ein Brunnen[47].

(27) Khirbet Ibn Nasr:

1792 1784. Hier haben wir einen umzäunten Gipfel (570 m Seehöhe) der nördlichen Gebirgsspitzen des Râs Muhammed Komplexes vor uns, auf dessen Oberfläche mitten unter Steinhaufen ein Mandelhain gedeiht. Auf den geöffneten Westabhängen gibt es Anzeichen eines Steinbruchs und eine grosse Zisterne[48].

(28) el-Funduq:

1632 1775. 420 m Seehöhe. Gräber[49].

(29) Immātin:

1651 1777. 430 m Seehöhe. Moderner arabischer Ort. Die östlichen und nördlichen Abhänge sind mit Olivenbäumen bepflanzt[50].

(30) Far$^C$ate:

1659 1775. 500 m Seehöhe. Moderner arabischer Ort[51].

(31) Rūjeib (Rūjîb):

1778 1774. 530 m Seehöhe. Modernes arabisches Dorf. Moderne Gebäude sind zum Teil auf Resten alter Architektur errichtet. Die oberen südlichen Abhänge weisen Felsboden auf, in welchen Gräber und Zisternen geschlagen sind. Es gibt auch Höhlen. An den niedrigeren nördlichen Abhängen ist der Fels mit Erde bedeckt[52].

(32) Khirbet Shurrâb:

1787 1747. Auf einem Vorgebirge, das den Blick über den Yanûn-

Pass erlaubt, befinden sich auf nahezu 600 m Seehöhe die Ruinen
von fünf noch sichtbaren Gebäuden. Der Ort weist fünf Zisternen
auf, wovon eine möglicherweise ein Grab war, das zur Zisterne
erweitert und ausgebaut wurde. Bei dieser Ortslage handelt es
sich aller Wahrscheinlichkeit nach um einen Beobachtungsturm,
der mit dem Dschebel el-$^C$Urmeh in Verbindung zu sehen ist[53].

(33) Khirbet Haiya:
1794 1753. 600 m Seehöhe. Auf einer ausgedehnten Fläche, die
von einer Mauer umgeben ist, steht eine Ruine mit den Ausmassen
von 150 m mal 200 m. An der Ostflanke ist ein Garten angelegt.
Die grosse Anzahl der Zisternen, nämlich zwanzig, in der Ruine
kommt wahrscheinlich daher, dass die nächste Quelle ziemlich
weit entfernt liegt. Die südlichen Abhänge beheimaten Gräber[54].

(34) Khirbet Ta$^C$na el-Fauqa:
1851 1759. Eine auf 620 m Seehöhe liegende, sich auf eine
grosse Fläche erstreckende Ruine mit einer Anzahl Zisternen[55].

(35) Khirbet Ta$^C$na et Tahta:
1873 1732. 800 m Seehöhe. Die Ruine ist kreisförmig angelegt
und hat einen Durchmesser von ca. 100 m. Mauern sind teilweise
noch erhalten. Die Terrassenwände zeigen die Wiederverwendung
von Steinblöcken. Handwerkliche Gegenstände liegen verstreut
herum, so z. B. ein grosser Mahlstein. Die felsigen Abhänge
im Norden und Nordosten haben einen Rollstein vor den Kammern[56].

(36) Tell er-Râs (S), en-Nabi $^C$Uzeir:
1767 1741. 550 m Seehöhe. Brunnen und Gräber[57].

(37) Beit el-Khirbeh:
1758 1727. 480 m Seehöhe. Dieses verfallene Haus hatte mindestens
ein Stockwerk. Neben Zisternen und Höhlen fand man Teile eines
mosaikartigen Fussbodens, der zum Haus gehört[58].

(38) Khirbet et-Tira:
1744 1747. 590 m Seehöhe. Das Ruinenfeld hat eine Grösse von

140 m mal 120 m. Einige Mauerreste sind noch sichtbar. Die
Kalkschichte im Osten enthält Gräber[59].

(39) Khirbet en-Nebi, Khirbet Mukhnah el-Fôka (S):
1755 1760. 590 m Seehöhe. 4 km südlich von Balâtah und einen
halben km westlich der Jerusalem-Nablus Strasse liegend be-
herrscht die Ortslage den mittleren Teil der Ebene von Makhne.
An der Flanke des Hügels erstreckt sich 150 m lang eine Schicht,
die auf Besiedlung hinweist. Am Nordende sind Mauerreste sichtbar. Eine Identifizierung mit dem biblischen Michmetat ist
möglich[60].

(40) Tell Sôfar (Tell Sūfān):
1733 1818. 480 m Seehöhe. Kleiner Tell in unmittelbarer Nähe
von Nablus. Eine moderne Strasse umfasst seinen Nordteil und
trennt ihn vom üppigen Wâdī et-Tuffâh und der ᶜAin el-Jisr,
einer Quelle, die im Sommer wenig Wasser führt. Der Gipfel erstreckt sich etwa über 90 m mal 110 m. Reste einer Verteidigungs-
mauer sind in einer Länge von 40 m deutlich erkennbar. An seinem
Ende gegen Osten befindet sich ein Bau in Form eines konischen
Felsens mit 15 m Durchmesser. Verschiedene andere Plätze zeigen
Mauerreste. Unterhalb des Gipfels ist der Hügel terrassiert.
Die nördlichen und östlichen Flanken des Felsens bergen fünf
Gräber, ebenso weisen die Südostabhänge Gräber und Höhlen auf[61].
F.M.Th.de Liagre Böhl[62] hatte 1931 diesen Tell mit Migdal
Sichem (Ri 9,46f) identifiziert, was sich allerdings als nicht
richtig erwies.

(41) Tell Abu Zarad:
1719 1679. 650 m Seehöhe. Quelle, Zisterne, Gräber im Nordosten,
Gräber und Höhlen im Nordwesten[63].

(42) Khirbet Sûr:
1723 1787. 650 m Seehöhe. Es handelt sich um eine sehr ausgedehnte Ortslage von ca. 30 000 $m^2$. Eine Vielzahl von Mauerresten ist sichtbar[64].

(43) $^C$Arâq Būrîn:

1727 1788. 700 m Seehöhe. Modernes arabisches Dorf, das auf
natürlichem Fels gebaut ist. Teilweise ist der Fels mit einer
dünnen Erdschicht bedeckt[65].

(44) Kûma:

1707 1832. Ca. 400 m Seehöhe. Der Gipfel des Tells ist mit einer
Eiche geschmückt. Die Oberfläche des Gipfels ist eben und hat
eine Ausdehnung von 100 m mal 120 m. Eine neue Mauer wurde teil-
weise über den Resten einer alten erbaut. Die Abhänge sind
terrassenförmig angelegt, im Westen und Süden steiler als im
Norden und Osten. Die Abhänge weisen auf Besiedlungsreste hin.
Eine Terrassenmauer im Südwesten enthält genormte Steinblöcke.
Ein im Südosten gelegenes Feld zeigt verschiedene grössere
Steintrümmer. Das südliche Ende des Tells birgt Höhlen und
möglicherweise auch Gräber[66].

(45) Khirbet el $^C$Urmeh:(vgl. Abb. 6)

1805 1727. 843 m Seehöhe. Auf dem Gipfel des Dschebel el $^C$Urmeh
ist eine oval angelegte Festung von 150 m mal 75 m. Es ist die
dominierendste Ortslage der ganzen Gegend. Die nächste Quelle
ist ca. 1000 m entfernt. Verschiedene Steinhaufen, darunter
auch ein konischer, der einen Turm vermuten lässt, bedecken
die Oberfläche. Mauerreste im Süden lassen die Umrisse eines
grossen Gebäudes vermuten. Entlang und teilweise innerhalb der
Reste eines Baues am Osthang unterhalb des Gipfels lässt sich
eine Pflasterung erkennen. Im südlichen Teil der Festung sieht
man die Eingänge zu einem Steinbruch und zu Gräbern. Der West-
hang enthält drei riesige Zisternen, wovon die grösste Masse
von 24,8 m mal 12,05 m mal 10-11 m aufweist. An den gepflasterten
Mauern der Zisternen ist der je verschiedene Wasserstand der
diversen Jahreszeiten zu sehen. Die Nordosthänge bergen in
Stein gehauene Gräber. Die Ortslage ist mit dem biblischen
Aruma zu identifizieren[67].

(46) ohne Name:

1647 1685. 320 m Seehöhe. Rest einer antiken Ruine, Zisterne[68].

(47) Yassuf:

1725 1715. 600 m Seehöhe. Modernes arabisches Dorf. In der unmittelbaren Umgebung sind zwei Quellen und mehrere Zisternen. Ehemaliges Siedlungsgebiet des Clan Asriel/Israel[69].

(48) Khirbet Janun: (vgl. Abb. 7)

1848 1747. 800 m Seehöhe. Die Ortslage ist fünfeckig von Resten einer alten Mauer eingefasst, innerhalb der Mauern befinden sich die Grundmauern eines viereckigen Befestigungsturmes. Der Durchmesser des Fünfecks beträgt ca. 100 m. Einige hundert Meter gegen Nordosten befinden sich weitere Ueberreste von Mauern und Türmen.Die Ortslage ist mit dem biblischen Janoach (Jos 16, 6), vielleicht auch mit dem Jenoam der Israelstele zu identifizieren[70].

2.

DIE GESCHICHTE DER GEGEND SICHEMS

## 2.1 Vom Chalkolithikum bis zur Mittleren Bronzezeit I

(ca. 4000 - 1850 v. Chr.)

Für das alte Sichem[71] ist eine dauernde Besiedlung ab der
Kupfersteinzeit nachgewiesen. Architektonische Hinweise gibt
es nur wenige, wie z. B. eine Art Rundgebäude auf gepflastertem
Untergrund in Feld IX (vgl. Abb. 8), aber dafür spricht der
Keramikbruch eine deutliche Sprache: frühe und späte Ghassul -
Keramik.

Von (6) Tananir (Feld XIV) stammt ein chalkolithisches Rand-
fragment einer Basaltschale (vgl. Abb. 9); ebenso wurden auch
Flintwerkzeuge gefunden. Der Ausgräber vermutet bereits für
diese frühe Zeit einen Kultplatz[72]. Weit über das Chalkolithikum
hinaus reichen noch einige Denkmäler: so wurde über dem ras el
Ain ein primitiver Steinbau festgestellt, der aller Wahrscheinlichkeit nach ein megalithisches Grab ist[73].

Auf dem Ebal wurde ebenfalls ein megalithisches Denkmal festgestellt, das eine ganz natürliche Gesteinsformation sein kann,
was jedoch die Verwendung als megalithisches Heiligtum keines-
wegs ausschliesst[74].

Drei Orte der Umgebung Sichems lassen ebenfalls nach dem
Keramikbefund auf eine Besiedlung ab dem Chalkolithikum
schliessen: (19) Sâlim, (31) Rūjeib, (37) Beit el-Khirbeh (vgl.
Beilage).

Abgesehen davon, dass in Sichem schon für die Altsteinzeit
menschliche Werkzeuge nachgewiesen sind[75], beginnt mit dem
Chalkolithikum eine einigermassen überschaubare "Geschichte"
dieser Gegend.

Für die FB (ca. 3150-1950 v. Chr.) ist weder für Sichem noch
für seine Umgebung Architektur nachweisbar, aber die archäologischen Grabungen in Sichem konnten auf Grund der Keramikbe-
funde eine dauernde Besiedlung annehmen und die verschiedenen

Oberflächenforschungen konnten eine bedeutsame Ausweitung der
Besiedlung in der Umgebung der Stadt nachweisen, so in: (11)
Tell Miske, (14) Khirbet Kefr Kûz, (19) Sâlim, (24) Beit Dajan
und Râs ed-Diyâr, (39) Khirbet en-Nebi, (40) Tell Sôfar, (41)
Tell Abu Zarad, (42) Khirbet Sûr, (44) Kûma (vgl. Beilage).

Auch von der MB I (ca. 1950-1850 v. Chr.) ist in Sichem noch
keine Architektur erhalten, dafür wiederum entsprechende
Keramik. In (9) $^C$Arâq et-Tayih gibt es einige Gräber. Der Platz
war die vermutliche Nekropole von Sichem[76]. Von (24) Beit Dajan
und Râs ed-Diyâr und (37) Beit el-Khirbeh stammt spärliche
Keramik. Die Karte (vgl. Beilage) zeigt im Unterschied zur FB
den rapiden Siedlungsrückgang; d. h. aber auch einen argen
Kulturverfall. Dieses Ergebnis passt ausgezeichnet zum Gesamt-
bild Palästinas der MB I. Die FB - Kultur wurde durch ein neues,
aus der Wüste kommendes Bevölkerungselement, vernichtet[77].
Für die MB I setzen aber bereits die schriftlichen Quellen ein:
Sichem ist z. B. auf der Khu-Sebek Inschrift aus der Zeit
Sesostris III. (ca. 1878-1842 v. Chr.) genannt. In den Aechtungs-
texten der selben Zeit ist Sichem und sein Fürst "Abas Hadad"
ebenfalls benannt[78]. Die Nennung Sichems in den ägyptischen
Texten lässt jedenfalls den Schluss zu, dass diese Gegend für
die 12. Dynastie (ca. 1991-1785 v. Chr.) von politischem Inter-
esse war, ja dass man den Fürst von Sichem immerhin für so
wichtig und mächtig hielt, dass man es nötig fand, ihn magisch
zu ächten.
Es ist zwar grundsätzlich möglich, die Patriarchen der Bibel
in Palästina ab der MB I zu datieren[79], aber die Verknüpfung
Abrahams mit Sichem (vgl. Gen 12, 6-7) muss wohl als jahwisti-
sche Erfindung angesehen werden. Die in Süd-Palästina teils
geschichtlich, teils mythisch verankerte Gestalt Abrahams, bzw.
des Abraham-Clans, hat mit Mittelpalästina historisch nichts
zu tun. Es scheint mir zwar noch immer mit Roland de Vaux sinnvoll, die Gestalt Abrahams und seiner Sippe mit der amoriti-
schen Wanderbewegung in Verbindung zu sehen, aber die langsame

Sesshaftwerdung dieser Sippe vollzog sich im Süden Palästinas
und es kann historisch mit Recht gefragt werden, ob der Ahnherr
der Sippe überhaupt den Boden Kanaans betreten hat. Die Abra-
hamstraditionen der Genesis scheinen mir viel mehr den Urbani-
sierungsprozess des Clans wiederzugeben.

## 2.2 Mittlere Bronzezeit II (ca. 1850 - 1550 v. Chr.)

In der MB II lässt sich für Sichem eine reiche Bautätigkeit
nachweisen: aus der MB II A ( ca. 1850-1750 v. Chr.) stammen
die ersten Bauten von Feld VI, die erste Struktur des Hoftempels.
Aus der selben Zeit stammt die Sichemplakette mit halbpikto-
graphischer Schrift - die Inschrift bedeutet wahrscheinlich:
"Haupt des Tores"[80] - und das berühmte Sichelschwert[81].
In der MB II B ( ca. 1750-1650 v. Chr.) bekam Sichem seine
erste Befestigungsanlage, die Hoftempel wurden laufend ver-
grössert. Der Hoftempel wurde dann um 1700 v. Chr. gewaltsam
zerstört. Das MB II C (ca. 1650-1550 v. Chr.) Sichem erreicht
seine endgültige Ausdehnung: zwei gewaltige Befestigungsmauern
wurden in einer Höhe von ca. 10 m um die Stadt gezogen, Mauer A
und B; die Stadt konnte von aussen durch das Nordwesttor und
das Osttor erreicht werden. Mit diesen kyklopischen Anlagen
kam auch ein neuer Tempeltyp auf: der Festungstempel mit einer
Länge von 26,30 m, einer Breite 21,20 m und einer Mauerstärke
von 5,10 m. Der gewaltige Tempel wurde um ca. 1600 v. Chr. re-
noviert. Die übrigen Grabungsfelder zeigen ein geordnetes und
wohlhabendes Kommunalwesen während der ganzen MB II C.
Gegen 1500 und um 1540 v. Chr. wurde Sichem durch menschliche
Gewalt völlig vernichtet.
Der gewaltige Aufschwung Sichems in der MB II C ist auf die
Hyksos zurückzuführen, die ihre Bastionen in Palästina aus-
bauten. Aus dieser Zeit stammen aus Sichem auch sehr viele
Skarabäen. Das MB II C Sichem wurde durch die Pharaonenheere
vernichtet, die die Hyksos zurückdrängten[83].

Für die MB II C lässt sich auf (6) Tananir ein Heiligtum nachweisen, das sich in zwei Hauptphasen, Gebäude B und A, teilt.
Gebäude A wurde ebenfalls mit Sichem zerstört.

In der näheren und weiteren Umgebung Sichems hat sich die Besiedlung seit der MB I nicht wesentlich geändert. In (9) [C]Arâq
et-Tayih werden die Gräber weiter benützt. In (5) [C]Askar, (11)
Tell Miske, (23) Khirbet Šuweiha, (32) Khirbet Shurrâb, (45)
Khirbet el [C]Urmeh ist MB II Keramik nachgewiesen, die sich auf
die MB II C konzentriert (vgl. Beilage). Das Survey-Ergebnis
zeigt deutlich, dass sich die Besiedlung der Hyksos-Zeit primär
auf die Stadt Sichem konzentrierte. In der Gegend der Quelle
von (5) [C]Askar (vgl. Abb. 10), die sehr wahrscheinlich zum
MB II C Sichem gehörte, dürfte ein kanaanäisches Baumheiligtum
gewesen sein; als Rest davon kann der noch heute nordöstlich
oberhalb der Quelle stehende Steinblock gelten: vermutlich eine
Massebe[84]. Literarische Nachrichten für das MB II Sichem fehlen.
Nach den ägyptischen Zerstörungen verstummt Sichems Leben rund
100 Jahre.
Aber in dieser Zeit des Uebergangs von der MB Palästinas zur SB
vollzog sich in Mittelpalästina u. a. auch eine Umschichtung
der Bevölkerung. Es begann die protoaramäische Völkerwanderung
und schüttete auch verschiedene nomadisierende Clans in die
Gegend Mittelpalästinas.


2.3 Von der Späten Bronzezeit bis zur Eisenzeit I

(ca. 1450 - 900 v. Chr.)

Um 1450 v. Chr. beginnt der Wiederaufbau Sichems. Das gewaltige
Verteidigungssystem und die Stadttore werden in Stand gesetzt;
zum Teil ist es jetzt ein Kasemattenmauernsystem. Der Festungstempel wurde wieder errichtet und weist für die SB zwei Phasen
auf (ca. 1450-1200 und 1200-1100 v. Chr.). Charakteristisch
für den Festungstempel sind seine Masseben. Zwei Masseben

flankierten den Eingang des Tempels, vor dem Tempel der zweiten
Phase stand die gewaltige Kultmassebe. Auf Feld IX wurde ebenfalls ein kleines Heiligtum gefunden. Die Wohnanlagen der SB
zeigen grosses Format. Auch die Grabanlagen (9) der Nekropole,
Feld X, werden nach 100 Jahren Pause wieder benützt. Für das
Ende des 13. Jhd. v. Chr. lassen sich einige kleinere Zerstörungen feststellen. Gegen 1100 v. Chr. wird das SB Sichem
radikal zerstört.

Die Gegend Sichems weist für die SB eine hervorragende Besied-
lung auf, so in: (5) <sup>c</sup>Askar, (9) <sup>c</sup>Arâq et-Tayih, (11) Tell
Miske, (14) Khirbet Kefr Kûz, (19) Sâlim, (23) Khirbet Šuweiha,
(24) Beit Dajan und Râs ed-Diyâr, (31) Rūjeib, (32) Khirbet
Shurrâb, (37) Beit el-Khirbeh, (40) Tell Sôfar, (42) Khirbet
Sûr, (43) <sup>c</sup>Arâq Būrîn, (44) Kûma, (45) Khirbet el-<sup>c</sup>Urmeh (vgl.
Beilage).

Das SB Sichem hat sich demnach auf Grund dieses archäologischen
Befundes zum Unterschied des MB Sichem nicht auf sich selbst
konzentriert, sondern entfaltet sich ganz massiv in seiner Umgebung. Man kann von diesem Befund her von einem echten Stadt-
staat sprechen.

Nach der Zerstörung am Ende des 12. Jhd. v. Chr. erlischt
Sichems Leben für fast 150 Jahre. Der Wiederaufbau begann um
ca. 950 v. Chr. damit, dass über die alten Befestigungsanlagen
ein Kasemattenmauernsystem konstruiert wurde und die Tore an
ihrem alten Platz errichtet wurden. Eine Besiedlung konnte auf
Feld II, VII und IX nachgewiesen werden. Auf Feld X gab es ein
kleines Heiligtum.

Das eigentliche Temenos-Gebiet Sichems bleibt während der EZ I
eine Ruine. Das EZ I Sichem wird gegen des Ende des 10. Jhd.
v. Chr. gewaltsam zerstört. Die Architektur des EZ I Sichems
ist gegenüber der SB einfacher, ebenso auch die Keramik. Das
SB Sichem weist z. B. viele Importgüter auf; es herrscht schöne
Buntkeramik vor (vgl. Abb. 11), die in der EZ durch grobe, un-
bemalte Keramik abgelöst wird. Aus dem SB Sichem stammt z. B.

auch ein vierzehnteiliger, wunderschöner Goldschmuck und eine
schöne, versilberte Bronzefigur des Gottes Baal/Reschef und
viele andere Kostbarkeiten.

Für den Beginn der EZ I weist Sichem noch eine bedeutende Besiedlung auf, so in: (5) ᶜAskar, (13) Khirbet el-ᶜUqûd, (14)
Khirbet Kefr Kûz, (19) Sâlim, (20) Khirbet eš-Šeikh Nasrallah,
(23) Khirbet Šuweiha, (24) Beit Dajan und Râs ed-Diyâr, (27)
Khirbet Ibn Nasr, (28) el-Funduq, (29) Immātīn, (31) Rūjeib,
(34) Khirbet Taᶜna el-Fauqa, (39) Khirbet en-Nebi, (40) Tell
Sôfar, (41) Tell Abu Zarad, (42) Khirbet Sûr, (43) ᶜArâq Būrîn,
(44) Kûma, (45) Khirbet el-ᶜUrmeh, (48) Khirbet Janun (vgl.
Beilage).

Dieser Befund zeigt, dass es eine Vielzahl EZ I Siedlungen in
der Umgebung Sichems gab, die noch eine zeitlang weiterbestanden,
als das SB Sichem um 1100 v. Chr. zerstört wurde. Gegenüber der
schon reichlichen Besiedlung während der SB ist für die EZ I
eine weitere Zunahme nachgewiesen. Dagegen nimmt die Besiedlung
in der späten EZ I (Wende vom 11. Jhd. zum 10. Jhd. v. Chr.)
rapid ab; es bleiben für die späte EZ I nur drei Orte !

Für die SB bis EZ I stehen uns auch eine Reihe schriftlicher
Quellen zur Verfügung:
Aus dem SB Sichem (Ende der Amarnazeit) stammen zwei beschrie-
bene Tontafeln, die bereits 1926 von E. Sellin gefunden wurden.
Die eine Tafel[85] ist der letzte Teil eines Vertrages. Es werden
die Namen von sieben Zeugen aufgezählt. Die Namen sind semi-
tisch, hurritisch, hethitisch und indoarisch.

Die andere Tafel lautet in Uebersetzung folgendermassen:

1 Zu Pirassena (oder Pirazina)
2 sprich
3 folgendermassen (hat) Baniti-[d].....(gesagt):
4 Seit drei Jahren bi(s jet)zt
5 hast du für mich eingetauscht (d.h. mir vergütet)
6 weder Getreide noch Schweinefett (? oder: Wein ?...)
7 was du mir (nunmehr) zukommen lassen solltest.
8 Worin besteht mein Versäumnis

9 dass du mir nicht geantwortet hast ?
10 Die Gehilfen, welche bei mir sind
11 haben schon wiederholt (an dich) geschrieben.
12 Ihre Eltern
13 (müssen) alles (entbehren)
14 Ich selber (kam in Verlegenheit)
15 und geriet in Zorn...
16 Nun denn, (sende einen Boten)
17 mit allen (Vorräten, welche du bei dir)
18 zur Verfügung hast, (baldigst)
19 zu mir hin (und er möge mir die Vorräte bringen)
20 und sie mich in Besitz nehmen lassen[86].

Es handelt sich um einen Bittbrief aus der Sphäre des Geschäfts-
lebens[87]. Beide Tontafeln zeigen durch die indoarischen Namen:
Suardata und Biraschena den mitannischen Einfluss auf das Sichem
der SB[88].

In der Liste Thutmosis III. (ca. 1490-1439/36 v. Chr.) wird
für Mittelpalästina ein Jakob-El und ein Josef-El genannt[89].
Aus den Amarnabriefen geht hervor, dass Labaja, Fürst von
Sichem, seine Stadt den Habiru[91] übergeben hat und andere
kanaanäische Stadtstaaten wie z. B. Jerusalem bedroht. Man
ruft daher den Pharao zu Hilfe, wahrscheinlich Amenophis IV.
Achenaten (ca. 1365-1349/47 v. Chr.). Labaja selber hat drei
Briefe an den Pharao geschrieben, in denen er die Beschuldigun-
gen zurückweist, einmal sehr herausfordernd, zweimal unter-
würfig. Diese Texte zeigen sehr deutlich, dass Labaja als
Fürst Sichems und seiner Umgebung grossen Einfluss hatte und
die ägyptische Oberhoheit nicht mehr anerkannte. In Verbindung
mit Labaja taucht auch der Name Ba'lu Mihir[92] auf, vermutlich
ebenfalls ein Fürst wie Labaja, der gegen den Pharao umtrieb.
Mihir ist gleichbedeutend mit "Mitra", dem indoarischen Eid-
und Schwurgott. Wir haben also einen indoarischen Namen vor uns.
Der Papyrus Anastasi I[93] (gegen Ende der 19. Dynastie, spätes
13. Jhd. v. Chr.) nennt nochmals Sichem.

Aus dem jahwistischen Text Gen 37, 12-14b und den elohistsischen
Texten Gen 33, 18a.19.20 und Gen 35, 4 scheint mir historisch
folgendes hervorzugehen:

Die ursprünglich selbständigen drei Clans: Jakob mit dem Haftpunkt in Betel, Israel und Josef mit dem Haftpunkt in der
näheren und weiteren Umgebung Sichems, sind in einer confédération[94] zusammengeschlossen, die ihre spätere Identifizierung
bzw. die Sohnschaft Josefs ermöglichte. Die drei Clans stehen
mit der kanaanäischen Stadt Sichem in freundschaftlicher Be-
ziehung. Sie benützen das Heiligtum und führen es auf ihre
Ahnen zurück. Es kommt zur Identifizierung ihrer Vätergötter
untereinander und mit dem kanaanäischen El von Sichem unter
der Bezeichnung: El Elohei Israel.
Während der Jahwist das Heiligtum von Sichem schon für die
kanaanäische Zeit als Jahweheiligtum sieht, erkennt es der
Elohist für seine Zeit, der 1. Hälfte des 8. Jhd. v. Chr.
nicht mehr als Jahweheiligtum an[95].

Die Einwanderung solcher nomadischer Clans nach Mittelpalästina
wird um ca. 1500 v. Chr. als Teil der protoaramäischen Völkerwanderung erfolgt sein, jedenfalls kommen die Namen Jakob-El
und Josef-El bereits in der Thutmosisliste vor ! und die sozio-
logische Situation, die die Amarnabriefe für die Gegend Sichems
bezeugen, belegen auch die biblischen Texte. Trotz freundschaftlicher Beziehungen zwischen den Seminomaden und den Sichemiten
dürfte es aber auch zu gewaltsamen Auseinandersetzungen zwischen
den soziologisch verschiedenen Schichten gekommen sein. Eine
solche Katastrophe scheint gegen das Ende des 13. Jhd. v. Chr.
passiert zu sein, wo sich für Sichem einige Zerstörungen nachweisen lassen. Das literarkritisch und traditionsgeschichtlich
schwierige Kapitel Gen 34 berichtet davon, dass es wegen Dina
zu einer blutigen Auseinandersetzung zwischen den Jakobsöhnen
Simeon und Levi und den Sichemiten gekommen ist. Dies scheint
mir ein historischer Reflex darauf zu sein, dass Teile des
Jakob-Israel Clans gewaltsam aus Mittelpalästina zersprengt
wurden. Wir treffen demnach die späteren Stämme Simeon und Levi
auf einem anderen Territorium[96].
Indirekt könnte damit auch der Feldzug Pharao Merenptahs (ca.
1224-1214) zusammenhängen[97]. Merenptah nennt auf seiner Sieges-

stele für Mittelpalästina einen Stamm, Clan, nämlich Israel,
und eine Stadt: Jenoam. Der Clan Israel dürfte sein Siedlungs-
und Weidegebiet in der Gegend des heutigen (47) Yassuf gehabt
haben[98] und das Jenoam der Stele ist wohl (48) Janun[99] (vgl.
Abb. 12).

Da die Besiedlung der Sichemgegend während der SB und der EZ I
auffallend dicht war, kann man die Auswanderung des Josef-Clans
nach Aegypten auf eben diesen Zustand zurückführen. Für die
Auswanderung scheint mir die Zeit Pharaos Haremhab (ca. 1332-
1305 v. Chr.) am wahrscheinlichsten. Aber schon gegen Ende der
Regierungszeit Ramses II. (ca. 1290-1224 v. Chr.) stossen die
Nachkommen des Josef-Clans zusammen mit anderen nomadisierenden
Elementen unter der Führung Josuas nach Mittelpalästina vor[100],
praktisch in ihre früheren Weide- und Siedlungsgründe. Sie finden dort neben der kanaanäischen Bevölkerung die Nachkommen
der föderativen Clans Jakob und Israel, die aber noch nicht die
hohe Kulturstufe der kanaanäischen Bevölkerung Sichems erreicht
haben, sondern im primitiven Stadium der EZ I sind. Den Zuwan-
derern musste es daran gelegen sein, sich in der Gegend Sichems
eine Bastion zu schaffen. Die Deuteronomisch-Deuteronomistische
Tradition: Jos 8,30-35 (vgl. auch Dtn 11,26-29 und 27,12-13)
vom Altarbau auf dem Ebal könnte eine historische Notiz über
die Schaffung einer solchen kultischen Bastion sein[101].

Es ist in diesem Bereich Mittelpalästinas zu keiner kriegeri-
schen Auseinandersetzung mit den Neuankömmlingen gekommen, weder
seitens der Stadt Sichem noch seitens der schon ansässigen
Clans. Aber nur wenn Josua eine solch kultische wie politische
Bastion hatte, konnte er daran denken, einzelne kriegerische
Blitzaktionen gegen kanaanäische Städte zu führen. Eine solche
Aktion dürfte nun Josua gegen Betel/Ai und gegen Jericho ge-
führt haben[102] und sich im Namen seines Gottes Jahwe, den er
durch die Vermittlung des Mose kennenlernte, eine beachtliche
Autorität verschafft haben.

Nach der Aktion gegen Süden und Norden[103] schloss Josua und
sein Clan mit dem ansässigen Clan Jakob/Israel eine feierliche

confédération zu Sichem vor dem Kultstein. Die Gottheit El
Elohei Israel wird nun als Jahwe Elohei Israel gedeutet und
Jakob/Israel die eidliche Verpflichtung abgenommen, ausschliess-
lich Jahwe zu dienen. Diese confédération hatte für Jakob/Israel
den Vorteil, den militärischen Schutz des Josua-Clans zu geniess-
sen und den Nachteil, auf ihre territoriale Integrität zugunsten
des Josua-Clans zu verzichten. Dies geht aus dem deuteronomi-
schen Text Jos 24 historisch hervor[104]. Wir haben in dieser
confédération um 1200 v. Chr. den Beginn des Jahweglaubens in
Palästina vor uns, der in Sichem seinen ersten historischen
Fixpunkt hat.

Das 12. Jhd. v. Chr. zeigt nach dem Survey-Ergebnis eine unge-
wöhnlich intensive Ansiedlung von Seminomaden in der Sichem
Gegend. Der Josua-Clan wird dominierend geblieben sein und
dürfte sich vielleicht schon in dieser Zeit terminologisch als
'Haus Josef' durchgesetzt haben, ein Terminus, der nun die Clans
Jakob/Israel und Josua umfasste. In dieser Zeit wird auch die
mythische Stufe der Josefgrab-Tradition bei Sichem entstanden
sein. Nach der Ueberlieferung aus der Exilszeit Jos 24,32
heisst es, dass Josef auf dem Grundstück, das Jakob gekauft hat
(vgl. Gen 33,18a.19.20 E ), beigesetzt wurde[105]. Nach der Unter-
suchung von G.H.R. Wright[106] muss angenommen werden, dass die
Gestalt Josefs in der Bibel von mythischen Elementen geprägt
ist und so ist er wie andere Heroen beim Zentrum der Welt, beim
Lebensbaum, beim Heiligen Stein, bei der Heiligen Quelle be-
stattet. Und der Platz, wo diese mythische Lokalisierung am
besten zutrifft, ist wohl das kanaanäische Baumheiligtum mit
dem heiligen Stein bei der Quelle von (5) ᶜAskar. Dass sich
aber israelitische Traditionen darüber ausschweigen, ist ver-
ständlich[107]. Die Zeit des 12. Jhd. v.Chr., wo die Nachkommen
Josefs in der Gegend Sichems dominierend sind, scheint mir der
Ursprung der Josefgrab-Tradition zu sein (mythische Stufe)[108].

Am Ende des 12. Jhd. v. Chr. ändert sich die Situation in der
Gegend Sichems schlagartig. Die Archäologie berichtet uns, dass

Sichem durch Feuer total vernichtet wurde und fast 150 Jahre
ohne Leben blieb. Diese Zerstörung ist mit den Ereignissen von
Ri 9 in Verbindung zu sehen: Im wesentlichen sind wir in Ri 9
auf zwei Traditionen gestossen. Die eine Tradition stammt aus
der Zeit Jehus (845-818 v. Chr.). Das sind die Verse 1-7.16.19b-
21.23f.41-45.56f. Diese Tradition hat historisch gesehen nicht
allzu viel Wert; einige Erinnerungen dürften aber wertvoll sein:
so ist in V 6 vom Heiligen Baum des Kultsteines die Rede, bei
dem Abimelech zum König ausgerufen wurde. Die Massebe ist eindeutig die von E. Sellin gefundene Kultmassebe des Migdal-
Tempels 2 a. V 4 nennt den Tempel des Baal-berit. Hier handelt
es sich um den Festungstempel. V 6 und V 20 nennen den Bet-Millo,
worunter wahrscheinlich ein Gebäude zu verstehen ist, das auf
einer Aufschüttung ruht. Nun ruht das ganze Temenos-Gebiet
Sichems auf einer Aufschüttung und wir können annehmen, dass
für diese Tradition aus der Zeit Jehus "Bet-Millo" eine Bezeichnung für das ganze Temenos-Gebiet gewesen ist.

Die andere Tradition (V 26-40.46-54) dagegen ist älter. Sie
wurde bereits im 10. Jhd. v. Chr. von einem Sammler weitertra-
diert und kann uns weit mehr Einblick geben. Die Szene von
V 37 kann sich sinngemäss nur am Nordwesttor abgespielt haben.
Dem Nordwesttor gegenüber liegt der Ebal und der Garizim. Wenn
nun Gaal vom "Nabel der Erde" spricht, wird er kaum etwas
anderes gemeint haben als den Gipfel des Garizim und unter der
"Wahrsagereiche" wird das Baumheiligtum am Abhang des Ebal gemeint sein, das man vom Nordwesttor aus nicht mehr sehen kann
(Baumheiligtum von (5) <sup>c</sup>Askar).
Die Fehde Abimelechs mit Sichem findet in V 46-49 ein plötzliches Ende. Die Bewohner von Migdal-Sichem gehen in den
Zriach des Tempels des El-berit. Dies dürfte einmal mit dem
Asylrecht zusammenhängen. Wie wir wissen, war Sichem in israeli-
tischer Zeit Asylstadt, was sich darauf zurückführen lässt,
dass das Heiligtum von Sichem schon in kanaanäischer Zeit Asyl-
heiligtum gewesen ist[109]. Andererseits bot der gewaltige Tempel
für die Herren Sichems den entsprechenden Schutz. J.A. Soggin[110]

lokalisiert Migdal-Sichem ausserhalb der Stadt, d.h. von Bet-
Millo getrennt. Dies kann man jedoch nur, wenn man die beiden
Traditionen nicht auseinander hält. In der Tradition V 26-40.
46-54 meint Migdal-Sichem nichts anderes als das Temenos-Gebiet,
dessen Bewohner die Herren Sichems sind. Für gewöhnlich wendet
man dagegen ein, dass im Migdal-Tempel kein Zriach (V 46.49)
gefunden wurde. Zriach bedeutet aber nicht Keller oder Krypta
sondern eine abgeschlossene-eingeschlossene Räumlichkeit[111],
d.h. also dass der Innenraum des Tempels gemeint ist. Die Zerstörung, die nun berichtet wird, passt genau zum archäologischen
Ergebnis, dass Ende des 12. Jhd. v. Chr. Sichem vernichtet
wurde. Nach der Zerstörung Sichems durch Abimelech endet auch
nach und nach die starke SB und frühe EZ I Besiedlung der
Gegend Sichems. Es gibt nur ganz wenige Ortschaften im 11. und
frühen 10. Jhd.v. Chr.[112]. Bis ca. 1100 v. Chr. war also Sichem
kanaanäisch, wenn auch als Heiligtum von Seminomaden mitbe-
nützt, und nach 1100 v. Chr. ist Sichem vernichtet worden und
die Besiedlung der Gegend Sichems schrumpft kläglich zusammen;
d.h. die Theorie vom sichemitischen Bundesfest etc. fällt wie
ein Kartenhaus in sich zusammen.

Erst in der späteren davidischen oder noch wahrscheinlicher in
der salomonischen Zeit wurde Sichem wieder aufgebaut. Es ist
jetzt ein salomonisches Verwaltungszentrum ohne religiöse Bedeutung[113]. Aber in dieser Zeit kommt die Idee von Israel als
einem Zwölf-Stämme Volk auf[114] und am salomonischen Königshof
beginnt die detaillierte Beschreibung des Reiches, seiner Gren-
zen, seiner Städte etc. Eine solche Grenzbeschreibung ist die
Liste Jos 16,4-10. Folgende Orte der Sichem-Area finden Er-
wähnung: Michmetat ist vermutlich (39) Khirbet en-Nebi[115],
Taanat-Schilo (34) Khirbet Ta^cna el-Fauqa[116], Janoach (48)
Khirbet Janun[117] und Tappuach ist wahrscheinlich (41) Tell Abu
Zarad[118]. Weiters von uns behandelte Ortslagen, die auch in
der Bibel vorkommen, sind (45) Khirbet el-^cUrmeh, worunter wir
das Aruma Abimelechs (vgl. 9.41) zu verstehen haben[119].

Was "Salem" in Gen 33,18 (MT) betrifft, so haben wir kaum an
einen Ortsnamen zu denken. "Salem" ist akkadische Vertrags-
terminologie für einen freundschaftlichen Vertrag. Aber schon
in der LXX: Gen 33,18 wird "Salem" als Ortname aufgefasst. Das
Salem der LXX haben wir in (20) Khirbet eš-Šeikh Nasralla zu
suchen[120]. Der Survey-Befund zeigt aber, dass die Ortslage
schon in der EZ I bewohnt war. Also selbst, wenn Gen 33,18 (MT)
den Ort Salem bei Sichem nicht meint, hat er an dieser Stelle
schon existiert.


Am Ende der Regierungszeit Salomos (926 v. Chr.) hatte sich die
traditionsreiche Stadt Sichem soweit wieder erholt, dass die
bedeutsamste und folgenschwerste politische Entscheidung des
Reiches in ihr getroffen wurde.
Nach dem historischen Bericht 1 Kön 11,26-28.40  12,2 und 20
kommt es in Sichem 926 v. Chr. zur Reichsteilung. Sichem wird
erste Hauptstadt des Nordreiches unter Jerobeam I. (926-907
v. Chr.). Jerobeam führt auch eine beschränkte Bautätigkeit
in Sichem durch (1 Kön 12,25). Durch den Palästinafeldzug
Pharao Schoschenks I. (ca. 946-921 v. Chr., vgl. 1 Kön 14,25-28),
musste Jerobeam etwa 924/23 v. Chr. seine Residenz nach Penuel
verlegen. Schoschenk nahm aber auch Penuel, berührte jedoch
Sichem nur, so zumindest nach der ägyptischen Inschrift. Doch
da genau für diese Zeit die Archäologie in Sichem eine radikale
Zerstörung nachweisen kann, dürfte es wohl einleuchtend sein,
dass Schoschenk auch Sichem getroffen hatte.
Die sogenannte Residenz Jerobeams I. könnte in dem Komplex von
Feld IX, Area 3, gewesen sein, wo sich auch das kleine Privat-
heiligtum befunden hat. Hier könnte Jerobeam eine geringe Bautätigkeit ausgeübt haben. Die Massebe des kleinen Privatheilig-
tums war noch unvollendet, als der ganze Komplex zerstört wurde.
Aus der volkstümlichen Erzählung 1 Kön 12,1.3b-14.16.18-19, wo
Rehabeam zu den Repräsentanten der Nordstämme nach Sichem
kommt, die Verhandlungen scheitern, der Fronvogt gesteinigt
wird und das von der davidischen Dynastie unabhängige Nordreich

geboren wird, geht ebenfalls hervor, dass Sichem im 10. Jhd. v. Chr. von grosser politischer Bedeutung war; allerdings war es nur mehr ein Abglanz früherer Jahrhunderte. In religiöser Hinsicht war Sichem bereits zur Bedeutungslosigkeit herabgesunken.


## 2.4 Von der Eisenzeit II bis zur Persischen Zeit

(ca. 900 - 331 v. Chr.)

Nach der Zerstörung durch Schoschenk wird Sichem sofort wieder aufgebaut. Ueber den Ruinen des SB Festungstempels wird jetzt ein Zeughaus errichtet und die heilige Area dadurch völlig profaniert. Die Wohnanlagen sind sehr schön (vgl. Jaros, Sichem Abb. 98). Die Phasen der EZ II weisen eine viermalige Zerstörung und einen viermaligen Wiederaufbau auf: Strata IX B (ca. 900-860 v. Chr.), IX A (ca. 860-810 v. Chr.), VII (ca. 810-748 v. Chr.) und VII (ca. 748-724 v. Chr.). Die erste Zerstörung ist sehr wahrscheinlich auf ein Erdbeben zurückzuführen. Stratum IX A ist mehr oder weniger ein genauer Wiederaufbau von IX B. Die anderen Strata unterscheiden sich jedoch durch den Grundriss der Häuser etc. erheblich von den früheren Strata. Nach der Zerstörung am Anfang des letzten Viertels des 8. Jhd. v. Chr. hat sich Sichem Jahrhunderte nicht mehr erholt. Die Menschen des Stratums VI ( 7. Jhd. v. Chr.) waren sehr arm. Es wurde kaum eine Bautätigkeit entwickelt. Man bewohnte die Ruinen des Stratums VII. Stratum V (Persische Zeit) zeigt ein schwaches Wiederaufleben der Stadt, das jedoch um ca. 480 v. Chr. ein plötzliches Ende findet.

Die Gräber in (9) <sup>c</sup>Arâq et-Tayih wurden auch noch während des 9. Jhd. v. Chr. benützt. Menschliche Besiedlung wurde während der EZ II nachgewiesen in: (5) <sup>c</sup>Askar, (11) Tell Miske, (14) Khirbet Kefr Kûz, (17) Deir el-Hatab, (18) Diyâra, (20) Khirbet eš-Šeikh Nasralla, (21) Najamet Sâlim (?), (22) Khirbet Qastine, (23) Khirbet Šuweiha, (24) Beit Dajan und Râs ed-Diyâr,

(25) Tell en-Najameh, (26) Rijāl el-Araba$^c$īn, (30) Far$^c$ate,
(32) Khirbet Shurrâb, (33) Khirbet Haiya, (34) Khirbet Ta$^c$na
el-Fauqa, (36) Tell er-Rās (S)/en-Nabi $^c$Uzeir, (37) Beit el-
Khirbeh, (38) Khirbet et-Tira, (39) Khirbet en-Nebi, (40) Tell
Sôfar, (41) Tell Abu Zarad, (42) Khirbet Sûr, (44) Kûma, (45)
Khirbet el-$^c$Urmeh, (46) ohne Name, (47) Yassuf, (48) Khirbet
Janun (vgl. Beilage).

Mit der Zerstörung Sichems 722 v. Chr. nimmt auch die Bevölkerung
der Sichem Area rapid ab. Für die persische Zeit ist nur an
folgenden Orten eine Besiedlung nachzuweisen: (11) Tell Miske,
(32) Khirbet Shurrâb, (34) Khirbet Ta$^c$na el-Fauqa, (38) Khirbet
et-Tira, (39) Khirbet en-Nebi, (40) Tell Sôfar, (41) Tell Abu
Zarad, (45) Khirbet el-$^c$Urmeh (vgl. Beilage).
Gegenüber der EZ II ist die Besiedlung der persischen Zeit
dürftig und arm. Dies entspricht auch der allgemeinen Lage
Mittel- und Nordpalästinas nach 722 v. Chr.[121].

Sichem selber hatte auch während der EZ II keine religiöse Bedeutung für Israel. In Hos 6,9 und Jer 41,5 ist Sichem zwar
genannt, aber es ist nicht viel mehr als eine Nennung.
Ps 60,8 (108,8) aus der Exilszeit kennt Sichem wohl nur mehr
vom Hörensagen. Aus dieser Zeit stammt auch wohl die deutero-
nomistische Glosse in Jos 8,34, die den Fluch auf den Ebal und
den Segen auf den Garizim verlegte.

Israelitische Traditionen versuchen nun, die mythische Lokalisierung des Josefsgrabes geschichtlich zu interpretieren, und
zwar auf dem "Jakobsacker" (vgl. Jos 24,32), ein verständlicher
Vorgang, da im Zuge der biblischen Genealogisierungen aus dem
Erzvater Josef der Sohn Jakobs und Rahels wurde. Am naheliegend-
sten scheint es mir, diesen Jakobsacker beim Jakobsbrunnen zu
suchen. Die Zeit der Verlegung der Grabtradition könnte bereits
in der 1. Hälfte des 8. Jhd. v. Chr. erfolgt sein, wo man sich
in Israel ernsthaft mit der kanaanäischen Religion auseinander-
zusetzten beginnt[122]. Auch die Deutung des Brunnens als Jakobs-

brunnen dürfte auf diese Zeit zurückgehen.

Für die EZ II und die persische Zeit ist Sichem nur einmal auf einem ausserbiblischen Text bezeugt. In Nr. 44 der Samaria - Ostraka ist eine Schiffsladung Wein von Sichem genannt. Das Zeugnis stammt aus der Regierungszeit Jerobeams II. (787-747 v. Chr.), der letzten Blütezeit des Nordreiches[123].

## 2.5 Hellenistische Zeit (ca. 331 - 40 v. Chr.)

Zu Beginn der hellenistischen Zeit ersteht Sichem mit einem neuen Antlitz. Diese letzte Periode Sichems dauert rund 200 Jahre. Es lassen sich exakt vier Strata feststellen: IV B und A (ca. 335-250 v. Chr.), III B und A (ca. 250-190 v. Chr.), II (ca. 190-150 v. Chr.) und I (ca. 150 bis gegen 100 v. Chr). Geräumige Häuser weisen auf ein wohlhabendes Gemeinwesen hin.

Im hellenistischen Sichem wurde kein Tempel gefunden, dagegen fanden die Ausgräber auf (7b) Tell er-Râs unter dem Hadrian - tempel eine Substruktion und hellenistische Keramik, sodass man auf Grund der Kultkontinuität an die Reste des hellenistischen Tempels von Sichem dachte.
Die Gräber in (9) ᶜArâq et-Tayih wurden in der hellenistischen Zeit wieder benützt bzw. neue, grosse, mehrkammrige Gräber in den Felsen geschlagen.
Im hellenistischen Sichem wurden zahlreiche ptolemäische und seleukidische Silber- und Bronzemünzen gefunden, die den grandiosen Aufstieg der Stadt bezeugen. Viele dieser Münzen wurden in Palästina (Gaza, Sidon, Tyrus) geprägt[124]. Gegen 100 v. Chr. findet Sichem durch menschliche Zerstörung ein Ende. Von Josephus[125] wissen wir, dass Johannes Hyrcanus I. (134-104 v. Chr.) das hellenistische Sichem 108 v. Chr. zerstört hatte und schon zwanzig Jahre vorher den Tempel auf dem Garizim, vermutlich den von (7b) Tell er-Râs.

Gegenüber der Perserzeit ist die Gegend Sichems in der hellenistischen Zeit wieder gut besiedelt: (12) Khirbet Suwâr,
(14) Khirbet Kefr Kûz, (15) ᶜAzmût, (16) el-Kharâbeh, (19)
Sâlim, (20) Khirbet eš-Šeikh Nasralla, (24) Beit Dajan und
Râs ed-Diyâr, (31) Rūjeib, (32) Khirbet Shurrâb, (33) Khirbet
Haiya, (37) Beit el-Khirbeh, (38) Khirbet et-Tira, (39) Khirbet
en-Nebi, (40) Tell Sôfar, (41) Tell Abu Zarad, (42) Khirbet Sûr,
(44) Kûma, (45) Khirbet el-ᶜUrmeh (vgl. Beilage).


Wie ist es zu diesem letzten grossartigen Aufschwung Sichems
in der hellenistsichen Zeit gekommen ? Nach dem Fall Jerusalems
587/86 v. Chr. wird Sichem mit Samaria Teil des naubabyloni-
schen Reiches. Als im Jahre 538 v. Chr. nach dem Exil in Jerusalem der Tempel wieder aufgebaut wird, werden die samari-
schen Machthaber davon ausgeschlossen. Dies ist nicht, wie so
oft angenommen, der Beginn des samaritanischen Schismas sondern
eine politische Auseinandersetzung[126]. Seit Alexander dem
Grossen wurde Samaria eine hellenistische Stadt. Die Wiederbelebung Sichems etwa ab 331 v. Chr. kann einmal damit zusammenhängen, dass fromme Samarier auf der Suche nach einer neuen
Niederlassung Sichem wählten.
H.G. Kippenberg[127] hat auf Grund einer Analyse von Ant. XI 7,2-
8,7 wahrscheinlich gemacht, dass Sichem von Priestern und Leuten
aus Jerusalem besiedelt wurde. Die Priester verliessen Jerusalem
deswegen, weil sie in Mischehen lebten, die man in
Jerusalem nicht mehr duldete[128]. Einen Reflex darüber kann man
schon in Neh 13, 18 sehen, wo Menasse, der Sohn des Hohen-
priesters Jojoda, eine Tochter Sanballats I. ( ca. um 485 v.
Chr. geboren) heiratet und deswegen von Jerusalem vertrieben
wird. Jene Gruppen der Jerusalemer Priester, die auch nach
Selbständigwerden der Provinz Juda im 5. Jhd. v. Chr. weiter
Beziehungen zum Norden pflegen wollten, wurden in unerhörter
Intoleranz ausgeschaltet und des Landes verwiesen. Diese Gruppen
gingen nach Sichem und sind auch die Begründer des Garizim -
kultes. Wir können also die Wiederbelebung Sichems und die

Gründung des Garizimkultes als einen Akt betrachten.

In den 200 Jahren nach 331 v. Chr. entwickelte sich Sichem zum Zentrum der Samarier bis zum Zentrum der Samaritaner. Die Samarier haben den Brunnen wieder als Jakobsbrunnen gedeutet und dabei auch das Josefsgrab lokalisiert. In diese Zeit fällt auch die Entstehung der samaritanischen Hohenpriesterliste und die Endredaktion des samaritanischen Pentateuchs. Schon um 274 v. Chr. setzt der Kampf der Seleukiden und Ptolemäer um Palästina ein. Der Kampf endet mit dem Sieg des Seleukiden Antiochus III. des Grossen (222-189 v. Chr.) über Skopas, den Heerführer Ptolemäus V. ( ca. um 200 v. Chr.). Samaria ist nun seleukidisch. Wirtschaftlich steht es in dieser Zeit um Sichem gut, sodass der Neid Judas erwacht, was sich in Sir 50,25f, dem Wort über das törichte Volk von Sichem, ausdrückt. Doch mit Antiochus IV. Epiphanes (175-164 v. Chr.) beginnt eine radikale Hellenisierungspolitik, die auch Sichem und den Garizim nicht verschont. Von diesem Hintergrund her sind die Berichte zu verstehen, die von einer Umwandlung des Garizimtempels in einen Zeustempel sprechen (1 Makk 1,41f). Trotz der jüdischen Polemik kann man kaum an der Echtheit zweifeln. Dieser Synkretismus geht aber im wesentlichen nicht auf die Leute von Sichem zurück, sondern auf eine Kolonie von Sidoniern, die sich in Sichem festgesetzt hatten; denn nicht alle Leute Sichems werden synkretistisch gedacht haben. Mit dem Makkabäeraufstand (167/66 v. Chr.) verschlechtert sich die Lage der Bewohner Samarias. Die Seleukiden, durch Thronwirren verhindert, konnten kaum eingreifen. Es gab eine gewaltige Grenzverschiebung, sodass die judäische Grenze gefährlich nahe an Sichem herankam. Johannes Hyrcanus I. holte dann auch zum endgültigen Schlag gegen Sichem aus, zerstörte 128 v. Chr. den Garizimtempel und 108 v. Chr. Sichem selber. Ein literarisches Nachspiel hat diese Aktion wohl in Jub. 30,5.7 erfahren.

Erst in der Makkabäerzeit kann man von einer Trennung zwischen Sichemitern und Juden sprechen; die Trennung wurde durch die Aktion Johannes Hyrcanus I. endgültig.

Nach der Zerstörung Sichems zerstreuten sich die Samaritaner
auf ganz Palästina, die Mehrzahl siedelte sich jedoch in Sychar,
dem heutigen (5) $^{c}$Askar, an. Erst im Jahre 63 v. Chr. setzte
Pompejus der jüdischen Tyrannis über die Provinz Samaria ein
Ende.

## 1. Exkurs: Die Samaritaner unter Juden, Römern, Christen und

### Moslem

Ab dem Jahr 63 v. Chr. änderte sich die politische Konstellation
in Palästina. Die Samaritaner wurden der Provinz Syrien des
Römischen Imperiums einverleibt. Auf dem Garizim entstand ein
römisches Militärlager[129]. Herodes der Grosse (34-4 v. Chr.)
brachte für die Provinz Samaria eine Glückszeit[130]. Nach seinem
Tod kam Samaria unter den Ethnarchen Archelaus und wurde im
Jahr 6 n. Chr. der römischen Präfektur Judäa einverleibt. Unter
dem Präfekten Coponuis (6-9 n. Chr.) verstreuten die Samaritaner beim Pessachfest im Jerusalemer Tempel Gebeine[131] und
schändeten so das Heiligtum.

Die Samaritaner der Zeit Jesu waren von einer eschatologischen
Verheissung und Hoffnung erfüllt. Ein Pseudoprophet führte die
Gemeinde auf den Garizim, um ihr mosaische Geräte zu zeigen.
Pilatus interpretierte dies als Aufstand und liess den Gross-
teil auf dem Garizim hinmetzeln, worauf er von der Boulé der
Samaritaner beim Prokurator in Syrien angezeigt wurde. Daraufhin
setzte der Prokurator den Präfekten Pontius Pilatus ab[132]. Auch
das 4. Kapitel des Johannes-Evangeliums zeigt, dass die Samaritaner auf einen Propheten wie Mose als endzeitlichen Heilbrin-
ger warten[133].

Am Anfang des jüdischen Aufstands hielten die Samaritaner zu
Rom. Durch anfängliche jüdische Erfolge verführt, setzte je-
doch ein Umschwung ein. Dies büssten die Samaritaner blutig.
Die Römer besetzten den Garizim und es fielen 11 600 Samaritaner[134]. Aber der härteste Schlag kam erst nach dem Bar Kochba
Aufstand als Kaiser Hadrian im Jahre 135 n. Chr. am Garizim
einen Zeustempel bauen liess. Die Archäologen konnten auf (7b)
Tell er-Rås über den Ruinen des samaritanischen Tempels den Bau
Hadrians identifizieren: unter Massen zerbrochenen Baumaterials,
darunter korinthische und jonische Kapitelle, stiess man auf
eine über ein Meter hohe, dreistufige Plattform, die auf einem
1,25 m hohen Unterbau ruhte, der zum Teil aus wiederverwendeten
Kalksteinblöcken errichtet war. Die oberste Stufe der Plattform
diente als Stylobat eines Tempels. Es konnte sogar die Ausdehnung des Pronaos festgestellt werden. Diese Plattform, Ge-

bäude A, war nordsüdlich orientiert, 21 m lang und über 14 m
breit (vgl. Jaros, Sichem Abb. 106). In der Nähe ihrer Südseite
fand sich ein überlebensgrosser Zeuskopf aus Kalkstein. Ein
Weg führte von der Südwestecke der Anlage im Uhrzeigersinn
herum zur Mitte der Nordfront von Gebäude A. Auf diesem Weg gab
es mehrere Bruchsteinhügel, von denen einer freigelegt wurde.
An seiner Nordseite war eine 80 cm breite, ca. 130 cm hohe und
50 cm tiefe Nische, von der sich eine halbkreisförmige Plattform ca. 2,5 m nach Norden erstreckte (Funktion unbekannt).
Gebäude A war von einem nordsüdlich orientierten Mauerviereck
(45 m mal 64 m) umgeben, wohl einer Stützmauer.

Am nördlichen Abhang von (7b) Tell er-Râs wurden Terrassen mit
Mosaikfragmenten und Reste von Stufen entdeckt (vgl. Abb. 13),
welche die Plattform A mit einer kleinen Moschee (Ridschal
el ᶜAmud) am Fusse des Berges verbinden. An der Nordfront der
Umfassungsmauerwaren sechs grosse Zisternen angebaut. In einer
fand man den Säulenrest mit einer griechischen Inschrift: "Dem
olym(pischen) Zeus". In den tiefsten Schuttschichten der Zisternen fanden sich 47 Münzen, die in die Jahre zwischen 222 und
363 n. Chr. datiert werden können. In einer anderen Zisterne
wurden 34 Elfenbeinwürfel und ein Kupferblättchen (56 mm mal
37 mm) mit der fünfzeiligen griechischen Inschrift gefunden:
"Dem olympischen Zeus, für eine gute Seefahrt, auch Amyntor"[135].

Schon durch diese Kleinfunde ist Gebäude A eindeutig als Rest
des protzigen Hadriantempels, der dem Zeus gewidmet war, identifiziert. Aber auch andere Belege können dies nachweisen.
Bei Photius finden wir folgende Nachricht. Er berichtet von
Marinus, einem Mann aus Neapolis (5. Jhd. n. Chr.):"Der Nach-
folger des Proclus, sagt er (sc.Damascius), Marinus, stammte
aus Neapolis in Palästina, das beim Berg mit Namen Argarizos
erbaut ist ...,auf dem ein höchstheiliges Heiligtum des Zeus
Hypsistos steht, dem Abraham, der Vorfahre der alten Hebräer,
geheiligt war, wie Marinus selbst sagt. Marinus, von Herkunft
Samaritaner, trennte sich von der Lehre, da sie von dem Gottesdienst Abrahams zu Neuerungen abgefallen seien und wandte seine
Liebe dem Hellenismus zu"[136]. Marinus konnte aber den Tempel
nur mehr vom Hörensagen kennen, da aus der Biographie Petrus
des Iberers (5.Jhd. n. Chr.)[137] hervorgeht, dass der Tempel in
der 2. Hälfte des 4. Jhd. n. Chr. in Trümmern lag.
Den Tempel Hadrians zeigen auch Münzen aus der Zeit von Antoninus Pius (138-161 n. Chr.) bis Volusianus (251-253 n. Chr.).
Die Münzen zeigen (7b) Tell er-Râs mit dem Tempel, zu dem Stufen von einer Kolonnade hinaufführen (vgl. Abb. 14). Die Stufen
führen zu dem heutigen Weli Ridschal elᶜAmud[138] "Säulenmänner";
der Name deutet noch auf die frühere Kolonnade hin, die die Münzen zeigen.

Nach den schriftlichen Quellen gilt der Kult Zeus Hypsistos,
nach dem archäologischen Befund dem olympischen Zeus. Im
olympischen Zeus haben wir wohl das von Hadrian Intendierte
vor uns, im Zeus Hypsistos vielleicht die samaritanische Interpretation.

Der Bordeaux-Pilger um 333 n. Chr. sah diese Stufen noch und bezifert sie auf 300. Es werden jedoch 1500 gewesen sein[139]. Zur Zeit Julians des Apostaten (361-363 n. Chr.) war der Tempel eine Ruine und die Samaritaner verwendeten seine Tore für ihre Synagoge in Neapolis[140].

Seit Kaiser Hadrian traf die Samaritaner Schlag auf Schlag. Er verbot ihnen wie den Juden die Beschneidung, eine Verordnung, die Kaiser Antoninus zwar für die Juden nicht aber für die Samaritaner aufhob[141]. Unter Kaiser Septimus Severus ist eine kriegerische Auseinandersetzung mit den Juden bezeugt. Diokletian (284-305 n. Chr.) erzwang das Trankopfer[142]. Gegen Ende des 3. Jhd. n. Chr. soll es den Samaritanern sogar unter Todesstrafe verboten gewesen sein, den Garizim zu besteigen[143].

Nach dem Abstieg des samaritanischen Gemeinwesens ordnete Baba Rabba, der wahscheinlich selber nicht Hohepriester war, die samaritanische Gemeinde neu. Der Synagogengottesdienst wurde wieder eingeführt und ein Corpus Liturgicum geschaffen. Baba Rabba (etwa 308-348 n. Chr.) liess vermutlich auch das grosse Bassin für kultische Waschungen anlegen, das noch heute nördlich des Kastrums am Hauptgipfel des Garizim zu sehen ist (vgl. Abb. 3). Das Becken wird durch einen Kanal gespeist. Die kurze Blüte fand aber bald ein jähes Ende.

Der heidnische Kult des olympischen Zeus bzw. der synkretistische Kult des Zeus Hypsistos im Hadriantempel konnte wohl für die Mehrzahl der Samaritaner kein Glaubensersatz sein. Die vorher genannten Münzen aus Neapolis zeigen rechts neben dem Hadriantempel ein kleines Bauwerk, das man als Altar[144] aber vielleicht sogar als samaritanische Synagoge interpretieren kann[145], die am Hauptgipfel des Garizim stand. Chronik II der Samaritaner kennt eine solche Synagoge bereits für die Zeit Hadrians[146]. Auch Joannes Malalas (gestorben 577 n. Chr.) bezeugt die Synagoge[147]. Procopius[148] gegenteilige Meinung beruht auf einer sehr eigenartigen Auslegung der samaritanischen Geschichte und hat keinen historischen Wert. Diese Synagoge stand vermutlich auf dem Platz der später erbauten Mutter Gottes Kirche. Archäologische Hinweise fehlen bis heute dafür. Abbildung 3 zeigt einen Plan vom Hauptgipfel des Garizim mit seinen Ruinen und samaritanischen Heiligtümern. Um den Hauptgipfel des Garizim ist auch die samaritanische Stadt (7c) Luza zu suchen, die später dann von Christen und Moslem bewohnt wurde.

Joannes Malalas[149] berichtet, dass die Samaritaner um 484 n. Chr. die Herrschaft an sich rissen, einen gewissen Iustasa zum "König" machten und viele Christen ermordeten. Aschepiades besiegte dann Iustasa und liess ihn enthaupten. Ein ähnliches Vorkommen gab es im April 529 n. Chr. Die Samaritaner wurden jedoch zu solchem Handeln provoziert. Das kaiserliche Edikt über die Rechtsungleichheit aller Häretiker betraf auch sie und 529 n. Chr. kam das Edikt, dass alle samaritanischen Synagogen zu zerstören sind[150]. Letzter Anlass aber für

den samaritanischen Aufstand waren Pöbeleien jugendlicher
Christen in den samaritanischen Synagogen. Die Samaritaner
töteten einige jugendliche Christen. Der samaritanische Auf -
stand überzog Palästina bis Caesarea am Meer mit Blut. Nachdem
die Samaritaner zahlreiche Kirchen zerstört hatten, griff
Byzanz ein. Das Ergebnis war: 20 000 tote Samaritaner; 50 000
mussten flüchten.

Schon nach dem ersten Aufstand am Pfingsttag des Jahres 484 n.
Chr. vertrieb Kaiser Zeno die Samaritaner vom Gipfel des Garizim. Joannes Malalas[151] schreibt: "Und sofort machte Kaiser Zeno
ihre Synagoge, die auf dem Garizim war, zu einem Gebetshaus der
heiligen Theotokos Maria." D. h. nicht, dass Zeno eine Kirche
baute, sondern die samaritanische Synagoge in eine Kirche um-
wandelte.
Zum Schutz umzäunte er das Gebäude mit einem Steinwall. Es ist
dann wohl erst Kaiser Justinianus, der an derselben Stelle das
Kastell und die eigentliche Theotokos Kirche erbaute, und zwar
nach dem zweiten samaritanischen Aufstand vom Jahre 529 n.
Chr.[152]. Das Kastrum (vgl. Abb. 3) ist 73,35 m lang und 62 m
breit mit Türmen an jeder Ecke und in der Mitte die Nordmauer.
Der Zugang erfolgte in den mittleren Türmen der Nord- und Südseite. Die Mauern sind in einer Höhe von 0,5 m bis 4 m erhalten,
die Breite beträgt 1,3 m. Unterhalb der Nordwand ist eine grosse
Zisterne. Im Inneren entlang der Mauer waren die Quartiere für
die Soldaten.
Die Theotokos Kirche ist in der Mitte der Festung. Sie ist ge-
ostet[153]. Es handelt sich um einen oktogonalen Bau mit Apsis
von 37 m Länge und 30 m Breite, mit innerer Pfeiler- und Säu-
lenstellung sowie Kapellen an vier Seiten. Der Haupteingang
ist im Westen, die Nebeneingänge im Norden und Süden. Der Zugang zu den Kapellen erfolgt vom Hauptraum aus. Zwei Kapellen
kann man auch vom Narthex aus erreichen. Man betritt die Kirche
durch die 9,4 m breite und 4 m tiefe mit Marmorplatten ge -
pflasterte Vorhalle. In das Kircheninnere führen drei Türen
von 1,4 m, 2,5 m und 1,4 m Breite. Die Seiten des Oktogons be-
tragen im Inneren je 8,8 m. Die lichte Weite von Seitenwand zu
Seitenwand ist 21,4 m. In 3,5 m von den Oktogonwänden läuft der
innere Umgang, bestehend aus acht Pfeilern, zwischen denen -
ausgenommen die Chorseite - je zwei Säulen stehen (vgl. Abb. 15).
Die lichte Weite des Kuppelhauses beträgt 12,8 m. Der Chor mit
der Apsis ist 8,6 m tief. Die Apsis springt rechteckig aus dem
Oktogon hervor; an der Seite ist je ein Raum, der von aussen
zugänglich ist. Die Kapellen sind verschieden gross (8 m mal
3 m und 6,6 m mal 3,8 m). Der Boden war mit Mosaiken bedeckt
(vgl. Abb. 16). Gebaut ist die Kirche aus Garizim-Kalkstein.
Die Theotokos Kirche wurde von Kalif al-Mansur (754-755 n. Chr.)
zerstört, das Kastell von Kalif al-Ma'mūn (813-833 n. Chr.).
Die letzten Reste dürften dann im 10. Jhd. n. Chr. zerstört
worden sein. Zu dieser Zeit war das Ende der Christengemeinde
von Neapolis gekommen. Von der Theotokos Kirche stammt die
Reliquiarinschrift: "Stein vom heiligen Golgothafels"[154] (vgl.
Abb. 17).
Oktogonale Innenräume wurden im Osten seit Konstantin verwen-

det. Die Rekonstruktion (vgl. Abb. 18 und 19) kann ein Bild von
der Schönheit dieses Gebäudes vermitteln. Die Konstruktion der
Garizim Kirche könnte auch den Bau des Jerusalemer Felsendomes
beeinflusst haben. Der Architekt der Garizim Kirche ist wohl
unter den grossen Architekten am Hofe Kaiser Justinians zu
suchen.

Im 5./6. Jhd. n. Chr. betrug die Zahl der Samaritaner in Palästina ca. 300 000 (nach M. Avi-Yonah). Diaspora-Gemeinden sind in
Aegypten, Rom, Athen, Thessalonich, Damaskus, in Babylon, auf
den Inseln des Roten Meeres und in Transjordanien bezeugt.
Seit 634/36 n. Chr. herrscht über die Samaritaner der summiti-
sche Islam. Seit dem 9. Jhd. n. Chr. nahmen die Samaritaner
das Arabische als Umgangs- und Literatursprache an. Sie wurden
jetzt auf arabisch: "as-samirah" bezeichnet.


Nach den Aufständen im 5. und 6. Jhd. n. Chr. und nach der arabischen Okkupation hören wir erst wieder zwischen 809 und 820
n. Chr. von Gebeten der Samaritaner auf dem Garizim[155]. Unter
Kalif Harun (al-Wathik) (gestorben 847 n. Chr.) wird ein Dank-
gottesdienst der Samaritaner auf dem Garizim erwähnt[156]. Unter
Kalif Mutawahkil (847-861 n. Chr.) wurden ihnen die religiösen
Riten untersagt, doch der Sultan von Palästina: Jussuf Ibn Dasi
gewährte erneut den Zutritt.
Um 946 n. Chr. wird erwähnt, dass die Samaritaner wieder auf
dem Garizim anbeten. Benjamin von Tudela berichtet um 1163 n.
Chr. von der Schlachtung des Pessach-Lammes am Garizim. Der
nächste Zeuge für das samaritanische Pessach am Garizim ist
R. Pethahja ( um 1175 n. Chr. geboren); dann erwähnt es der um
1300 n. Chr. schreibende arabische Geograph Dimaški. 1362/63 n.
Chr.[157] ist bezeugt, dass der Hohepriester Pinhas b. Joseph zusammen mit seinem Sohn das Pessach am Garizim feierte. Aus dem
14. Jhd. n. Chr. geht aus einem Gebet des ʾAbiša b. Pinhas (gestorben 1376 n. Chr.) hervor, dass sich die Samaritaner unge-
stört auf dem Garizim versammeln konnten.
Mešullam b. Menachem bezeugt um 1480 n. Chr. die Opferung eines
Lammes der Samaritaner auf dem Garizim. Am Anfang der türki-
schen Herrschaft (ab 1517 n. Chr.) wurden die Samaritaner nicht
gehindert. Der samaritanische Liederdichter Abraham b. Joseph
ha-kabhasi (um 1538 n. Chr.) schildert sehr genau in einem
Hymnus das Pessach; ebenso gibt es samaritanische Zeugnisse für
das Pessach für die Jahre 1508-1548 n. Chr.[158].

Im 17. Jhd. n. Chr. wurden die Samaritaner wieder gehindert. Aus
einem Brief Meschalmah b. Ab Sechuahʾs (um 1750 n. Chr.) geht
hervor, dass die Samaritaner am Garizim wieder ihrem Kult nach-
gehen konnten. Unter dem Hohepriester Tobias b. Isaak (1752-
1787 n. Chr.) wurde von den Samaritanern ein Stück Land erworben,
auf dem sie bis heute das Pessach vollziehen. 1786 bzw. 1788
n. Chr. wurde ihnen wieder der Kult am Garizim verweigert.
Ibrahim Pascha, der 1832 n. Chr. Nablus eroberte, gab ihnen erneut die Erlaubnis, auf dem Garizim zu schlachten, aber bald
wurden sie wieder daran gehindert. Erst ab 1849 n. Chr. konnten
sie bis heute das Pessach auf ihrem Grundstück auf dem Garizim

vollziehen (vgl. Abb. 20). Heute gibt es ein schönes samaritanisches Dorf nordwestlich des Garizimhauptgipfels. Die Samaritaner bleiben vom zehnten Nisan bis zum Tag nach Mazzot auf
dem Berg. Zu Pfingsten wallfahren sie auf den Garizim.
1945 gab es 189, 1950 196, 1955 208, 1960 214 Samaritaner in
Nablus und 132 in Jaffa. 1970 betrug die Gesamtzahl der Samaritaner 430.

Juden, Römer, Christen und Moslem haben die völkische Minderheit der Samaritaner durch Jahrhunderte unterdrückt. Die samaritanische Geschichte ist mit Blut geschrieben: Verfolgt, be-
lästigt, vom rabbinischen Judentum exkommuniziert (im 4. Jhd.
n. Chr.), von Christen und Moslem geächtet und an ihrem Kult
gehindert, haben sie dennoch an der Ueberlieferung ihrer Väter
bis heute festgehalten.

Vielleicht können wir jetzt eher ermessen, was der barmherzige
Samaritaner für die Zuhörer Jesu bedeutete und wie ketzerisch
die Aeusserung Rabbi Schimeons b. Gamaliels (um 140 n. Chr.)
für jüdische Ohren gewesen sein musste: "Ein Samaritaner ist
in jeder Hinsicht den Israeliten gleich. Mit jedem Gebot, das
bei den Samaritanern in Gebrauch ist, nehmen sie es genauer
als die Israeliten."[159]


## 2. Exkurs: Jakobsbrunnen und Josefsgrab

Ab 331 v. Chr. wurde Sichem von den Samariern wieder besiedelt
und aufgebaut. Ihr Jahwetempel war auf dem Garizim (Tell er-Râs).
Und sie deuteten den Brunnen wieder als Jakobsbrunnen und lokalisierten dort das Josefsgrab.

Die zur ältesten Schicht von Joh 4,5.6a gehörige Ortsangabe:
"So kam er zu einem samaritanischen Ort, der Sychar hiess, und
nahe bei dem Feld lag, das Jakob seinem Sohn Josef gegeben hatte.
Dort war der Jakobsbrunnen", bezeugt einmal Sychar als samaritanisches Zentrum und lokalisiert den Jakobsbrunnen auf dem
Jakobsacker (dort !). Ferner bestimmt der Text Sychar nach
"Land" und nicht umgekehrt, was doch naheliegender wäre. Aber
im Auge des Erzählers ist "Land" wohl wichtiger als die Stadt
Sychar. Nun wird aber das Josefsgrab nicht genannt. Ich glaube
jedoch, in dem Satz: "... das Jakob seinem Sohn Josef gegeben
hatte..." - was sonst nirgends in der Bibel bezeugt ist - einen
versteckten Hinweis auf das Grab Josefs zu finden. Apg 7,15f
bezeugt das Josefsgrab wohl in Anlehnung an Jos 24,32 auf dem
Jakobsacker[160]. Andererseits ist dem Erzähler in diesem Zusam-
menhang das Josefsgrab nicht wichtig und so ist es nicht ver-
wunderlich, wenn es nicht ausdrücklich genannt wird.

Das Grab wird auch kein Kenotaph oder Memorialbau gewesen sein,
sondern wurde vermutlich bei einem der Bäume in der Nähe des
Jakobsbrunnen gezeigt. Von der hellenistischen Zeit bis ins
1. Jhd. n. Chr. wird man daher das Josefsgrab beim Jakobsbrunnen

lokalisieren können.

Anfang des 4. Jhd. n. Chr. muss der Jakobsbrunnen in christliche Hände gekommen sein, da der Pilger von Bordeaux um 333 n. Chr. bereits ein Baptisterium nennt, dafür aber das Josefsgrab unmittelbar bei Sichem lokalisiert. Wie so oft musste die samaritanische Minderheit weichen. Sie entschädigten sich aber dadurch, dass sie nun das Josefsgrab an einem anderen Platz – nahe bei Sichem – lokalisierten[161]. Für die Christen war dies anscheinend nicht von Bedeutung, da sie wohl das Hauptgewicht auf den Brunnen legten, an dem Jesus mit der Samaritanerin gesprochen hatte. Den Brunnen konnten die Samaritaner nicht mitnehmen, wohl aber das Grab, das religionsgeschichtlich a priori versetzbar ist[162].

Der Pilger von Bordeaux nennt das Grab bei Sichem "Monumentum", woraus J. Jeremias[163] auf einen Memorialbau schliesst. Das dürfte jedoch sehr unwahrscheinlich sein[164], zumal auch die Madaba Karte bei der Legende von "To tou Ioseph" keine Vignette zeigt (vgl. Abb. 21).

Um 415 n. Chr. schickt Kaiser Theodosius II. eine Kommission nach Hebron, um die "Gebeine" der Patriarchen nach Konstantinopel zu holen. Dieses Unternehmen schlug aber fehl, und so kam die Kommission nach Neapolis, um die Gebeine Josefs, die bei Sichem sein sollen, zu gewinnen. Aber die Kommission wusste nicht, wo sie suchen sollte[165]. Die Samaritaner brauchten ihr Josefsgrab gar nicht zu verschweigen[166]; denn hätte man dort gesucht, so hätte man ohnedies nichts gefunden. So suchte die Kommission eines der zahlreichen Gräber in der Umgebung Sichems aus und lieferte die "Reliquie" an die Hagia Sophia ab. Ueber diesem vermeintlichen Grab baute man eine Grabkapelle[167], die im Samaritaneraufstand unter Kaiser Anastasius zerstört wurde[168]. Diese Grabkapelle dürfte in der Nähe des heutigen Josefsgrabes gestanden haben; denn vor wenigen Jahren fanden sich unweit nördlich des heutigen Josefsgrabes byzantinische Säulenreste[169]. Iustinian hat die Kirche wieder erneuert[170], aber nicht mehr an dieser Stelle sondern beim Jakobsbrunnen.

Das älteste christliche Bauwerk am Jakobsbrunnen ist ein Baptisterium, bezeugt vom Pilger von Bordeaux[171], vermutlich erbaut von Germanus, einem Bischof von Neapolis. Unter Kaiser Theodosius I. wurde um 380 n. Chr. eine Kirche gebaut[172], die eine Kreuzform hatte[173]. Die Kirche wurde beim Samaritaneraufstand unter Zeno und Anastasias I. beschädigt. Iustinian liess sie dann gründlich restaurieren. Dieser Bau hat den Persersturm, 614 n. Chr., und den Arabereinfall, 636 n. Chr., überstanden. Erst 808 n. Chr. wurde sie völlig zerstört. Die Kreuzfahrer fanden die Ruine vor. Sie bauten an derselben Stelle im Jahre 1150 n. Chr. die Kirche "Sancti Salvatoris" im Kreuzfahrerstil (vgl. Abb. 22). Die Kirche stürzte im 15. Jhd. n. Chr. ein und wurde als Steinbruch benützt. Das Kapitell der sogenannten Helena-Säule ist noch ein Stück aus der ältesten Phase der Kirche, byzantinisch. Die Fussbodenmosaikfragmente im Inneren sind ein Zeugnis für die ehemalige Kreuzform der byzantinischen Kirche. Die Kreuzfahrerkirche hat aller Wahr-

scheinlichkeit nach nur ein Viertel, den Osttrakt, der byzantinischen Kirche umfasst. Die Ausdehnung der byzantinischen Kirche betrug 70 m. In byzantinischer Zeit hatte der Brunnen noch
eine Oeffnung von über 2 m, in der Kreuzfahrerzeit wurde er
verengt.
Der interessanteste Rest waren wohl die vier querstehenden
Doppelsäulen, die man bei der Enttrümmerung der Kreuzfahrer-
kirche 1880 n. Chr. noch in situ fand[174]. Diese Doppelsäulen
dienten in der Kreuzfahrerkirche als Gewölbestützen, sind aber
iustinianisch. Zur Architektur der byzantinischen Kirche haben
diese Doppelsäulen keine Relation. Die vier Doppelsäulen dürften daher ein Steindach getragen haben, unter dem der Kenotaph
Josefs stand. Dieser Baldachin und Kenotaph dürfte von Iustinian bei der Restaurierung der Kirche als Memoria des Josefsgrabes installiert worden sein. In diesem Sinn kann die Notiz des
Procopius[175], dass Iustinian die Kapelle beim vermeintlichen
Josefsgrab wieder erbaute, sinnvoll interpretiert werden. Im
9. Jhd. n. Chr. deutete man dann den Kenotaph als Grab der Sama-
riterin, die mit Jesus gesprochen hatte (pia interpretatio
Christiana !). Die Angaben der Kreuzfahrer lassen keinen Schluss
über die Lage des Josefsgrabes zu[176].

Zusammenfassung:

Fixpunkte sind die Quelle bei [C]Askar und der Jakobsbrunnen.
Zwischen diesen Fixpunkten ist das Josefsgrab gewandert.

1) Das Grab wird bei der Quelle zu [C]Askar und beim Baumheiligt-
tum lokalisiert, mythische Stufe, ab dem 13. Jhd. v. Chr.

2) Lokalisierung am Jakobsacker beim Jakobsbrunnen, geschicht-
liche Interpretation der israelitischen Zeit, ab dem 8. Jhd.
v. Chr.

3) Lokalisierung am Jakobsacker beim Jakobsbrunnen in samari-
tanischer Zeit, von 331 v. Chr. bis ins 3. Jhd. n. Chr.

4) Lokalisierung bei Sichem durch die Samaritaner, da der Jakobsbrunnen in christlicher Hand ist.

5) Willkürliche Bestimmung der kaiserlichen Kommission des
Josefsgrabes in der Nähe des heutigen Josefsgrabes.

6) Memorialbau über vermeintlichem Josefsgrab.

7) Verlegung der Memoria durch Iustinian in die Kreuzkirche
am Jakobsbrunnen.

8) Widersprechende Angaben der Kreuzfahrer über ein vermeint-
liches Josefsgrab. Es ist keine Lokalisierungsmöglichkeit aus
den sich widersprechenden Angaben vorhanden.

9) Das heutige Josefsgrab in muslimischen Händen[177].

54

3. Exkurs: Einige muslimische Heiligtümer

1. Das Weli des Abu Ghanem

Abu Ghanem (Gânim ben Ali) wurde in der Mitte des 12. Jhd.n.
Chr. in Nablus geboren und war ein Freund Saladins (1138 -
1193 n. Chr.). Er war einer der bedeutendsten Mitkämpfer Saladins gegen die Kreuzfahrer. Nach seinem Tod wurde er von
Damaskus nach Nablus gebracht und im Nordosteckturm des iusti-
nianischen Kastrums am Hauptgipfel des Garizim begraben, wo
heute das zweistöckige Weli mit Kuppel zu sehen ist (vgl. Abb.
23). Möglicherweise wurde das Weli bereits nach seinem Tod gebaut. Nach der frommen Volksüberlieferung von Nablus gilt der
Heilige auch als Gefährte Mohammeds[178].

2. Auf dem Garizim befindet sich auch noch das Weli Ridschal
el ᶜAmud, der heiligen Säulenmänner[179] und das Weli des Propheten Sîry. Dorthin pilgern Kranke und für Reisende gilt der
Prophet Sîry als Schutzpatron[180].

3. Das Weli des Imâd ad-Dîn

Das Weli befindet sich am Ebal. Es ist ein grosser Bau mit
Kuppel, der an einem Abhang liegt. Vom Hof aus erreicht man
durch einen Eingang einen 7 m breiten Raum. In der Nordmauer
ist eine Tür, die in eine zweite Kammer führt (4 m mal 7 m ).
Eine kleine Oeffnung führt vom äusseren Hof in das Innere, wo
sich das Grab des Heiligen befindet. Das Heiligtum wird von
den Moslem regelmässig besucht. Der Verehrte war Gouverneur
von Mossul. Imâd ad-Dîn hat im 12. Jhd. n. Chr. gelebt[181].

4. Die Grabgrotte der Sitt Sulaymiyah

Nach der örtlichen Ueberlieferung soll diese ägyptische Prinzessin in der Höhle gewohnt haben. Es ist das zweite muslimische Heiligtum am Ebal. Ueber der Grotte befindet sich eine
arabische Inschrift (58 cm lang, 34 cm breit), die das Datum
festhält. Die Tafel stammt aus der Regierungszeit Sultans al-
malik al-Ašraf (1422-1438 n. Chr.)[182].

Anmerkungen

1 Vgl. Atlas of Israel II/1.

2 Vgl. a. a. O. II/3.

3 Vgl. a. a. O. III/1.

4 Vgl. a. a. O. III/3.

5 Vgl. a. a. O. IV/1, D-L.

6 Vgl. a. a. O. IV/2.

7 Vgl. a. a. O. IV/3. G. Dalman, Arbeit und Sitte in Palästina
   I/2, 318-329. R.B.Y. Scott, Meteorological Phenomena and
   Terminology in the Old Testament, ZAW 64 (1952) 11-25.

8 Vgl. Atlas of Israel V/Fig. 1.

9 Vgl. a. a. O. V/2, A.

10 Vgl. a. a. O. VI/2.

11 Vgl. a. a. O. VIII/1.

12 Vgl. a. a. O. X/1.

13 Vgl. a. a. O. XI/2.

14 Vgl. a. a. O. XII/1-5.

15 Die in Klammern gesetzte Nummer vor einer Ortschaft oder
   Ortslage ist identisch mit der Nummer auf der Karte
   1 : 100 000 (Beilage).

16 Vgl. K. Jaroš, Sichem 12 Anm. 7.

17 Vgl. a. a. O. 13-16.

18 Vgl. AS 22 Nr. 1.

19 Vgl. H.M. Schenke, Jakobsbrunnen-Josefsgrab-Sychar, ZDPV 84
   (1968) 159-184. M.T. Petrozzi, Samaria 189-194.

20 Vgl. G.E. Wright, Shechem 216.

21 Vgl. F.M. Abel, Le puits de Jacob et l'église Saint-Sauveur,
   RB 42 (1933) 384-401. L.H. Vincent, Puits de Jacob ou de la
   Samaritaine, RB 65 (1958) 547-567. H.M. Schenke, Jakobsbrun-
   nen-Josefsgrab-Sychar, ZDPV 84 (1968) 159-184. M.T. Petrozzi,
   Samaria 175-188.

22 M. Delcor, Von Sichem, ZDPV 78 (1962) 34-48. H.M. Schenke,
   Jakobsbrunnen-Josefsgrab-Sychar, ZDPV 84 (1968) 159-184.

23 Vgl. K. Jaroš, Sichem 12 Anm. 3.

24 Vgl. a. a. O. 48f.

25 Vgl. M. Avi-Yonah, Gazetter 76.

26 Vgl. K. Jaroš, Sichem 24.

27 Vgl. a. a. O. 24.

28 Vgl. a. a. O. 12 Anm. 2.

29 Vgl. AS 22 Nr. 2.

30 Vgl. K. Jaroš, Sichem 13.

31 Vgl. H. Guthe, Neue Funde in Nablus, ZDPV 6 (1883) 230-232.
   Th. Schreiber, Die Dreifussbasis von Nablus, ZDPV 7 (1883)
   136-139. L.H. Vincent, Un hypogée antique à Naplouse, RB 29
   (1920) 126-135. F.M. Abel, Notre exploration à Naplouse, RB
   31(1922) 89-99. F.M. Abel, Naplouse, Essai de topographie,
   RB 32 (1923) 120-132. T. Canaan, Mohammedan Saints and
   Sanctuaries in Palestine, Luzac's Oriental Religious Series
   V, London 1927. J.A. Jaussen, Coutumes Palestiniennes I,
   Naplouse et son district, Paris 1927. G.M. Fitzgerald, A
   Find of Stone seats at Nablus, PEQ 1929, 104-110. J.L. La
   Monte, The Viscounts of Naplouse in the 12th century, Syria
   19 (1938) 272-278. M.T. Petrozzi, Samaria 223-267. M. Avi-
   Yonah, Gazetter 83.

32 Vgl. IS 164 Nr. 3.

33 Vgl. AS 23 Nr. 4.

34 Vgl. AS 23 Nr. 5.

35 Vgl. SWP II 197. AS 23f Nr. 6.

36 Vgl. AS 24 Nr. 7. IS 165 Nr. 10.

37 Vgl. AS 24 Nr. 8.

38 Vgl. AS 24 Nr. 9. IS 166 Nr. 13.

39 Vgl. AS 24f Nr. 10.

40 Vgl. F.M. Abel, Géographie II 26. AS 25f Nr. 11. M. Avi-
   Yonah, Gazetter 92.

41 Vgl. L. Wächter, Salem, ZDPV 84 (1968) 63-72. AS 26 Nr. 12.

42 Vgl. AS 26 Nr. 13.

43 Vgl. IS 166 Nr. 14.

44 Vgl. AS 26 Nr. 14.

45 Vgl. AS 27 und 29 Nr. 15.

46 Vgl. AS 29 Nr. 16.

47 Vgl. IS 166 Nr. 16.

48 Vgl. AS 29 Nr. 18. IS 166 Nr. 17.

49 Vgl. IS 166 Nr. 18.

50 Vgl. IS 167 Nr. 19.

51 Vgl. IS 167 Nr. 20.

52 Vgl. AS 31 Nr. 20. IS 167 Nr. 23.

53 Vgl. AS 31 Nr. 22.

54 Vgl. AS 31 Nr. 23.

55 Vgl. AS 31 Nr. 24. Die Ortslage ist wahrscheinlich identisch mit Ta$^c$anat-Schilo (so F.M. Abel, Géographie II 474. Y. Aharoni, The Land of the Bible 236).

56 Vgl. AS 31 Nr. 25.

57 Vgl. IS 167 Nr. 28.

58 Vgl. AS 34f Nr. 30.

59 Vgl. AS 35 Nr. 31.

60 Vgl. AS 35 Nr. 32. IS 167 Nr. 26.

61 Vgl. AS 36 Nr. 35. IS 164 Nr. 8.

62 Palästina in het licht der jöngste opgravingen en onderzoekingen, Amsterdam 1931, 65-67.

63 Vgl. IS 169 Nr. 36.

64 Vgl. AS 37 Nr. 37.

65 Vgl. AS 38 Nr. 38.

66 Vgl. AS 38 Nr. 39.

67 Vgl. SWP II 387. 402. M.V. Guérin II 2-3. A.Alt, Das Institut im Jahre 1926, PJB 23 (1927) 34f. F.M. Abel, Géographie II 251. Y. Aharoni, The Land of the Bible 242. AS 38 und 40 Nr. 41. IS 168 Nr. 32.

68 Vgl. IS 168 Nr. 31.

69 Vgl. Y. Aharoni, The Land of the Bible 325 Anm. 101. M. Noth, Josua 102f. A. Lemaire, Asriel, sr'l, Israel et l'origine de la confédération Israélite, VT 23 (1973) 239-243. K. Jaroš, Sichem 145f.

70 Auf Khirbet Janun wurde am 27. August, 1. und 8. September 1976 eine Oberflächenforschung des Deutschen Evangelischen Instituts für Altertumswissenschaft des Heiligen Landes durchgeführt, an der auch der Verfasser teilnahm. Vgl. auch F.M. Abel, Géographie II 58. Y. Aharoni, The Land of the Bible 236. Ueber die mögliche Identifizierung von Khirbet Janun mit dem Jenoam der Israelstele wird sich E. Otto in einem Artikel in der ZDPV auseinandersetzen und auch den offiziellen Bericht geben.

71 Die Angaben über Sichem sind durchwegs entnommen: K. Jaroš, Sichem.

72 Vgl. R.G. Boling, Bronze Age Buildings, BA 32 (1969) 102.

73 Vgl. F.M. Abel. Garizim, RB 31 (1922) 600-602.

74 Vgl. R. Tonneau, Le Sacrifice de Josué sur le Mont Ebal, RB 35 (1926) 98-109. K. Jaroš, Sichem 25 Anm. 11.

75 Vgl. K. Jaroš, Sichem 262 Abb. 137.

76 Vgl. K. Jaroš, Sichem 25. AS 22 Nr. 2.

77 Vgl. K.M. Kenyon, Archäologie im Heiligen Land 133-157.
K. Jaroš/M.Leimlehner/G.Swedik, Aegypten und Vorderasien 48f.

78 Vgl. K. Jaroš, Sichem 100.

79 Vgl. R. de Vaux, Histoire I 245-253. Vgl. dagegen Th.L.
Thompson, The Historicitiy of the Patriarchal Narratives,
The Quest for the Historical Abraham, BZAW 133, Berlin-
New York 1974. J.van Seters, Abraham in History and Tradition,
New Haven-London 1975.

80 Vgl. K. Jaroš, Sichem 65f und Abb. 184.

81 Vgl. zum Sichelschwert O. Keel, Siegeszeichen, OBO 5 Frei-
burg/Schweiz-Göttingen 1974.

82 Vgl. S.H. Horn, Shechem, JEOL 18 (1959-1966) 299.

83 Vgl. K.Jaroš/M.Leimlehner/G.Swedik, Aegypten und Vorderasien
32.51.

84 Vgl. H.M. Schenke, Jakobsbrunnen-Josefsgrab-Sychar, ZDPV 84
(1968) 159-184.

85 Vgl. K. Jaroš, Sichem 62f und Abb. 182.

86 F.M.Th. de Liagre Böhl, Der Keilschriftbrief aus Sichem,
Deutsches Archäologisches Institut, Abteilung Baghdad,
Baghdader Mitteilungen 7 (1974) 21-30.

87 Vgl. K. Jaroš, Sichem 65.

88 Vgl. a. a. O. 118.

89 Vgl. ANET 242.

90 Vgl. K. Jaroš, Sichem 102-104.

91 Vgl. zu dem Problem R. de Vaux, Histoire I 202-208.

92 Vgl. K. Jaroš, Sichem 120f.

93 Vgl. a. a. O. 101.

94 Vgl. a. a. O. 68-71. 110f. 140-146.

95 Vgl. O. Keel, Götter, VT 23 (1973) 333. K. Jaroš, Elohist
250f.

96 Simeon im Süden und Levi aufgeteilt auf ganz Israel.
(vgl. auch Gen 49,5-7).

97 Siehe den Text der Israelstele, TGI Nr. 17.

98 Vgl. Anm. 69.

99 Vgl. Anm. 70.

100 Vgl. K.Jaroš/M.Leimlehner/G.Swedik, Aegypten und Vorderasien 90-94.

101 Vgl. K. Jaroš, Sichem 78f Anm. 5.

102 Vgl. K.Jaroš/M.Leimlehner/G.Swedik, Aegypten und Vorder-

asien 91f.

103 Vgl. a. a. O. 92f.

104 Vgl. K. Jaroš, Sichem 139-153.

105 Es ist eine bekannte Sache, dass es den Autoren in der
babylonischen Gefangenschaft, wie den Autoren der Priester-
schrift, darum geht, den Blick auf die alte Heimat zu
richten und den Willen zur Heimkehr aufrecht zu halten.
Ein Argument dafür: die Ahnen Israels sind in der Heimat
begraben. In diesem Sinn muss wohl auch Jos 24,32 verstan-
den werden. Der Appell wäre jedoch sinnlos, wenn es keine
Erinnerung an ein Josefsgrab gäbe.

106 Joseph's Grave at Shechem, VT 22 (1972) 476-486.

107 Erst eine spätere Zeit, die von der kanaanäischen Symbolik
und Topik keine Ahnung mehr hatte, berichtet wieder unge-
niert von einem Baum beim Josefsgrab, vgl. Eusebius, Ono-
mastikon 54,23f. Nach CAli von Herat, um 1173 n. Chr., war
das Josefsgrab bei einem Baum (vgl. Guy le Strange, Palestine under the Moslems, London 1890. J. Jeremias, Heiligengräber 33 und 137f.).

108 Und zwar beim Baumheiligtum von CAskar. Vgl. zur Problema-
tik: Baum - Toter K. Jaroš, Elohist 218-220.

109 Vgl. zum Asylrecht K. Jaroš, Sichem 83-86.

110 Bemerkungen, ZDPV 83 (1967) 195.

111 Vgl. K. Jaroš, Sichem 113-115. K. Jaroš, Zur Bedeutung von
zriach in Ri  9,46.49, AUSS 15 (1977) 57-58.

112 Vgl. AS 40f.

113 Vgl. G.E. Wright, The  Provinces of Solomon, EI 8 (1967)
58*-68*.

114 Vgl. R. de Vaux, Histoire II 37-55.

115 Vgl. Y. Aharoni, The Land of the Bible 236. F.M. Abel,
Géographie II 57 identifiziert mit Khirbet dschuledschil,
so auch M. Noth, Josua 103.

116 Vgl. Anm. 55.

117 Vgl. F.M. Abel, Géographie  II 58. Y. Aharoni, The Land of
the Bible 236.

118 Vgl. Y. Aharoni, The Land of the Bible 384.

119 Vgl. Anm. 67.

120 Vgl. Anm. 41.

121 Vgl. J. Bright, History 277ff. S. Herrmann, Geschichte
Israels 301f.

122 Vgl. den Ueberblick bei K. Jaroš, Der Elohist in der Auseinandersetzung mit der Religion seiner Umwelt, Kairos
17 (1975) 279-283.

123 Vgl. M. Noth, Geschichte Israels 227f.

124 Vgl. O.R. Sellers, Coins, BA 25 (1962) 87-96. K. Jaroš, Sichem 58f.

125 Ant XIII 9.1.

126 Vgl. H.G. Kippenberg, Garizim 38.

127 Vgl. a. a. O. 50-57.

128 Vgl. K. Jaroš, Sichem 125.

129 Vgl. Josephus, Ant XIV § 100.

130 Er erbaute z. B. die Stadt Sebaste (Samaria) herrlich aus.

131 Vgl. Josephus, Ant XVIII § 29f.

132 Vgl. Ant XVIII § 85-89.

133 Vgl. Dtn 18,15. In der samaritanischen Sekte gab es auch gnostische Strömungen, die etwa mit Simon Magnus aus Gitta beginnen. Er glaubte, in ihm sei die höchste Gottheit niedergestiegen, um sich mit der gefallenen Ennoia (gemeint ist eine gewisse Dirne Helena) zu vereinigen; vgl. H.G. Kippenberg, Garizim 144.

134 Vgl. Josephus, Bel III § 307-315.

135 Vgl. die Abbildungen der beiden Zeusinschriften: R.J. Bull, The Excavation of Tell er-Râs, BA 31 (1968) 70, fig. 17. R.J. Bull, The Excavation of Tell er-Râs, BASOR 190 (1968) 30, fig. 9b.

136 PGM 103, 128. Vgl. Dio Cassius, Hist 15, 12.

137 Vgl. R. Raabe, Petrus, der Iberer, Leipzig 1895, 30 Zeile 13-19.

138 Vgl. T. Canaan, Mohammedan Saints 49, Pl. III.

139 Vgl. F.M. Abel, Gèographie I 365.

140 Vgl. R.J. Bull/G.E. Wright, Newly discovered Temples on Mt. Gerizim in Jordan, HThR 58 (1965) 234-237.

141 Vgl. Origenes, Contra Celsum II 13.

142 Vgl. H.J. Strack/P.Billerbeck, Kommentar I 553.

143 Vgl. T.W. Juynboll, Chronicum Samaritanum 54. 192.

144 So G.F. Hill, Catalogue of the Greek Coins of Palestine, Galilee, Samarie und Judaea, XXIX. A.M. Schneider, Bauten, ZDPV 68 (1946-1951) 215. R.J. Bull/E.F. Campbell Jr., The Sixth Campaign at Balâṭah, BASOR 190 (1968) 5.

145 So H.G. Kippenberg, Garizim 104.

146 a. a. O. 104.

147 Chronographia 50,15.

148 De aedificiis V 7,2.

149 Chronographia 50,15.

150 Codex Iustinianus I 5,12-14.

151 Chronographia 50,15.

152 Die Ausführungen des Procopius, De aedificiis V 7, sind
zu tendenziös, um historische Glaubwürdigkeit beanspruchen
zu können.

153 Auch das weist auf die Erbauung durch Iustinian hin, da er
grundsätzlich die Kirchen ostete, was vorher nicht immer
der Fall war.

154 Vgl. A.M. Schneider, Bauten, ZDPV 68 (1946-1951) Abb. 10.

155 Vgl. J. Jeremias, Passahfeier 62 Anm. 1.

156 Vgl. a. a. O. 62 Anm. 2.

157 Und zwar in der samaritanischen Hohenpriesterliste; vgl.
P. Kahle, Aus der Geschichte der ältesten Bibelhandschrift,
Abhandlungen zur semitischen Religionskunde, W.W. Grafen
von Baudissin überreicht, Giessen 1918, 247-260.

158 Vgl. J. Jeremias, Passahfeier 64.

159 H.J.Strack/P.Billerbeck, Kommentar I 538f. 543.

160 Doch im Eifer des Gefechtes (Stefanusrede) ist dem Erzähler
ein Fehler unterlaufen, da Abraham das Grundstück gekauft
haben soll. Vielleicht kann man aber hier bereits eine
Mischung der Traditionen feststellen, da auch in Hebron,
der Abrahamsstadt, ein Josefsgrab gezeigt wurde - vgl.
Petrus Diaconus, Liber de locis sanctis, CSEL 39, 110,
31-111,2 - was darauf zurückzuführen ist, dass das in sama-
ritanischer Hand befindliche Josefsgrab den Juden ein Dorn
im Auge war und sie daher das Grab nach Hebron verlegten.
Andererseits rächten sich die Samaritaner dafür, indem sie
das Grab der Jakobssöhne in die Gegend Sichems verlegten
(vgl. Hieronymus, Ep 57, 10, CSEL 54, 522).
Sowohl jüdische Traditionen (vgl. H.J.Strack/P.Billerbeck,
Kommentar II 432.675f.), als auch samaritanische Quellen
(vgl. J.A. Montgomery, The Samaritans 107) bezeugen aber
das Grab auf dem Jakobsacker.

161 Einen ähnlichen Vorgang haben wir darin zu sehen, dass die
Samaritaner auf den Hauptgipfel des Garizim auswichen und
dort ihre Synagoge bauten, als Hadrian auf Tell er-Râs den
Zeustempel errichten liess.

162 H.M. Schenke, Jakobsbrunnen-Josefsgrab-Sychar, ZDPV 84
(1968) 174.

163 Heiligengräber 32f.

164 Vgl. H.M. Schenke, a. a. O. 174.

165 Tract. de inv. SS. Patriarcharum 1,7.8.

166 Gegen H.M.Schenke, Jakobsbrunnen-Josefsgrab-Sychar, ZDPV

84 (1968) 177.

167 Vgl. Petrus Diaconus, Liber de locis sanctis, CSEL 39,112, 9-13.

168 Vgl. J. Jeremias, Heiligengräber 33 Anm. 5.

169 Vgl. a. a. O. 36.

170 Vgl. Procopius, De aedificiis Iust. V 7,17.

171 Vgl. CSEL 39,20,10f.

172 Vgl. Hieronymus, Ep. 108,13, CSEL 55,322,14-323,1.

173 Vgl. Arculf, De locis sanctis XXI, CSEL 39,270f.

174 Vgl. H.M. Schenke, Jakobsbrunnen-Josefsgrab-Sychar, ZDPV 84 (1968) 173f.

175 De aedificiis Iust. V 7,17.

176 Vgl. H.M. Schenke, a. a. O. 178-181.

177 Vgl. zum heutigen Josefsgrab Seite 8.

178 Vgl. M.T. Petrozzi, Samaria 211 Anm. 5.

179 Vgl. T.Canaan, Mohammedan Saints 49 Pl.III. J.A. Jaussen, Coutumes Palestiniennes I, Naplouse et son district, Paris 1927, 157.162. M.T. Petrozzi, Samaria 218-220 und Fig. 68.

180 Vgl. J.A. Jaussen, a. a. O. 170f.

181 Vgl. J.A. Jaussen, a. a. O. 165f und Pl. VI 2.

182 Vgl. J.A. Jaussen, Inscription Arabe du sanctuaire de Sitt Sulaymiyah au Mont Ebal à Naplouse, JPOS 5 (1925) 75-81.

## Archäologische Perioden

| | | |
|---|---|---|
| Chalkolithikum | ca. 4000 – 3150 v.Chr. | |
| FB I | ca. 3150 – 2850 v.Chr. | Frühe Bronzezeit I |
| FB II | ca. 2850 – 2650 v.Chr. | Frühe Bronzezeit II |
| FB III | ca. 2650 – 2350 v.Chr. | Frühe Bronzezeit III |
| FB IV | ca. 2350 – 1950 v.Chr. | Frühe Bronzezeit IV |
| MB I | ca. 1950 – 1850 v.Chr. | Mittlere Bronzezeit I |
| MB II A | ca. 1850 – 1750 v.Chr. | Mittlere Bronzezeit II A |
| MB II B | ca. 1750 – 1650 v.Chr. | Mittlere Bronzezeit II B |
| MB II C | ca. 1650 – 1550 v.Chr. | Mittlere Bronzezeit II C |
| SB I | ca. 1550 – 1400 v.Chr. | Späte Bronzezeit I |
| SB II A | ca. 1400 – 1300 v.Chr. | Späte Bronzezeit II A |
| SB II B | ca. 1300 – 1200 v.Chr. | Späte Bronzezeit II B |
| EZ I A | ca. 1200 – 1100 v.Chr. | Eisenzeit I A |
| EZ I B | ca. 1100 – 1000 v.Chr. | Eisenzeit I B |
| EZ I C | ca. 1000 – 900 v.Chr. | Eisenzeit I C |
| EZ II A | ca. 900 – 800 v.Chr. | Eisenzeit II A |
| EZ II B | ca. 800 – 700 v.Chr. | Eisenzeit II B |
| EZ II C | ca. 700 – 600 v.Chr. | Eisenzeit II C |
| P | ca. 600 – 331 v.Chr. | Persische Zeit |
| H I | ca. 331 – 152 v.Chr. | Hellenistische Zeit I |
| H II | ca. 152 – 40 v.Chr. | Hellenistische Zeit II |
| R I | ca. 40 v.Chr.–70 n.Chr. | Römische Zeit I |
| R II | ca. 70 – 180 n.Chr. | Römische Zeit II |
| R III | ca. 180 – 324 n.Chr. | Römische Zeit III |
| Byz I | ca. 324 – 451 n.Chr. | Byzantinische Zeit I |
| Byz II | ca. 451 – 640 n.Chr. | Byzantinische Zeit II |
| Früh-Arabisch | ca. 640 – 1099 n.Chr. | |
| Kreuzfahrer | ca. 1099 – 1291 n.Chr. | |

## Literaturverzeichnis*

ABEL F.M., Notre Exploration à Naplouse, RB 31 (1922) 89-99.

    –    Naplouse, Essai de Topographie, RB 32 (1923) 120-132.

ALT A., Das Institut im Jahre 1926, PJB 23 (1927) 5-51.

AVI-YONAH M., Gazetter of Roman Palestine, Qedem 5, Jerusalem 1976.

BAR-ADON P./EPSTEIN C./GOPHNA R. u.a., Judaea, Samaria and the Golan, Archaeological Survey 1967-1968, Jerusalem 1972 (=IS).

CAMPBELL E.F.Jr., The Shechem Area Survey, BASOR 190 (1968) 19-41 (=AS).

CANAAN T., Mohammedan Saints and Sanctuaries in Palestine, Luzac's Oriental Religious Series V, London 1927.

CONDER C.R./KITCHENER H.H., The Survey of Western Palestine II, London 1882 (=SWP).

FITZGERALD G.M., A Find of Stone Seats at Nablus, PEQ 1929, 104-110.

GUTHE H., Neue Funde aus Nablus, ZDPV 6 (1883) 230-232.

GUERIN M.V., Description Géographique, Historique et Archéologique de la Palestine, Samaria II, Paris 1875.

JAROŠ K., Sichem. Eine archäologische und religionsgeschichtliche Studie mit besonderer Berücksichtigung von Jos 24, OBO 11, Freiburg/Schweiz-Göttingen 1976.

JAROŠ K./LEIMLEHNER M./SWEDIK G., Aegypten und Vorderasien. Eine kleine Chronographie bis zum Auftreten Alexander des Grossen, Linz-Passau-Wien und Stuttgart 1976.

JAUSSEN J.A., Inscription Arabe du Sanctuaire Sitt Sulaymiyah au Mont Ebal à Naplouse, JPOS 6 (1926) 75-81.

    –    Coutumes Palestiniennes I, Naplouse et son district, Paris 1927.

KAHLE P., Aus der Geschichte der ältesten Bibelhandschrift, Abhandlungen zur semitischen Religionskunde, W.W. Grafen Baudissin überreicht, Giessen 1918, 247-260.

---

* In diesem Literaturverzeichnis scheinen nur jene Arbeiten auf, die in K. Jaroš, Sichem 161-181 nicht genannt sind. Für die Abkürzungen verweise ich a.a.O. 155-160 und auf RGG3.

KENYON K.M., Archäologie im Heiligen Land, Neukirchen – Vluyn [2]1976.

LA MONTE J.L., The Viscounts of Naplouse in the 12th Century, Syria 19 (1938) 272-278.

RAABE R.,    Petrus der Iberer, Leipzig 1895.

SCHREIBER Th., Die Dreifussbasis von Nablus, ZDPV 7 (1883) 136-139.

SCOTT R.B.Y., Metereological Phenomena and Terminology in the Old Testament, ZAW 64 (1952) 11-25.

SETERS J. van, Abraham in History and Tradition, New Haven-London 1975.

STRACK H.J./BILLERBECK P., Kommentar zum Neuen Testament aus Talmud und Midrasch I-II, München [2]1956.

STRANGE G.le, Palestine under the Moslems, London 1890.

TAFEL L.,    Cassius Dios Römische Geschichte I-III, Stuttgart 1831, 1837, 1839.

VINCENT L.H., Un hypogée antique à Naplouse, RB 29 (1920) 126-135.

ABBILDUNGEN

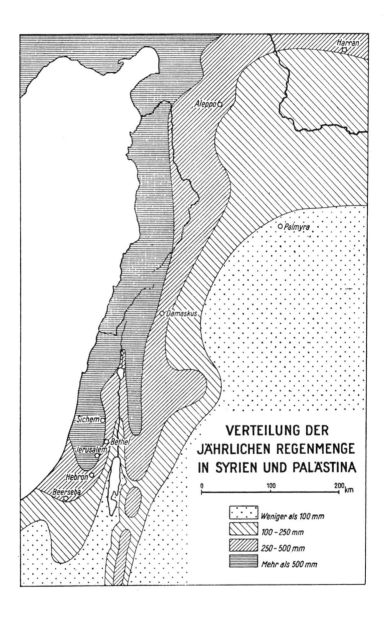

Abb. 1. (R. de Vaux, Die hebräischen Patriarchen und
die modernen Entdeckungen, Leipzig 1960, 63)

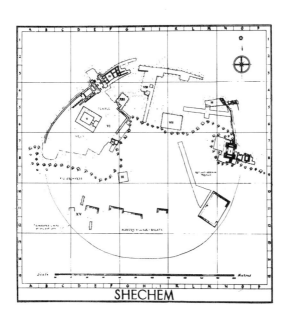

SHECHEM

Abb. 2. Plan der Ausgrabungen in Sichem.
(E.F. Campbell Jr./J.F.Ross/L.E.Toombs, BASOR 204
(1971) fig.1. K.Jaros, Sichem 194 Abb.6)

|  |  |
|---|---|
| Feld I | Osttor und Umgebung |
| Feld II | Gebiet östlich der Hoftempel |
| Feld III | Gebiet nördlich des Osttores |
| Feld IV | Nordwesttor und Umgebung |
| Feld V | Festungstempel |
| Feld VI | Hoftempel |
| Feld VII | Mittleres Quartier |
| Feld VIII | H-M/3-6 |
| Feld IX | Unteres Quartier |
| Feld X | Gräber am Ebal |
| Feld XI | Graben beim Josefsgrab |
| Feld XII | Tell er-Râs (Garizim) |
| Feld XIII | Feld zwischen Feld III und VIII |
| Feld XIV | Tananir |
| Feld XV | Im Südwest-Teil des Tells |

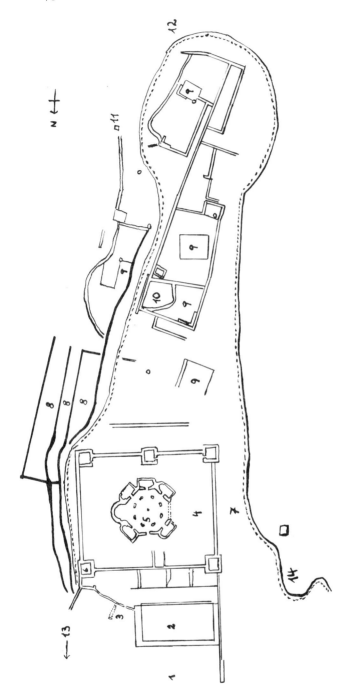

Abb. 3 (C.W.Wilson,PEFQSt 1873, nach S.66. M.T.Petrozzi, Samaria fig.55. Zeichnung: K. Jaroš.)

Ruinen am Hauptgipfel des Garizim:

1. Ruinen von Häusern
2. Wasserbecken
3. Kanal
4. Iustinianisches Kastell
5. Theotokoskirche
6. Weli des Abu Ghanem
7. Plattform der zwölf Steine
8. Aufgeschüttete Terrassen (gepflastert)
9. Grobe Pflasterung
10. Heiliger Felsen der Samaritaner
11. Platz der Opferung Isaaks
12. Ruinen einer Stadt
13. Richtung nach Tell er-Râs
14. Strasse zum Hauptgipfel des Garizim

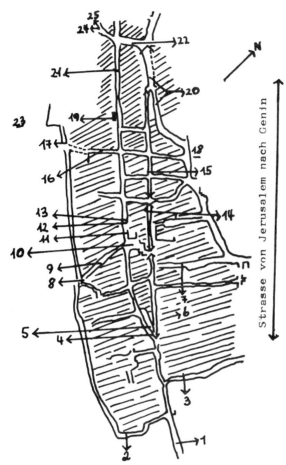

Abb. 4. Plan des historischen Nablus. (M.T. Petrozzi,
Samaria fig. 76. Zeichnung: K.Jaroš)

1 Saladin Strasse
2 Qusariyah Strasse
3 Anbia Strasse – Reste des
  Kreuzfahrerhospizes (1180
  n.Chr.), danach Moschee
  el-Masakin
4 Kaled ben-Walid
5 Moschee el-Kebir
6 Moschee el-Kebir Strasse
7 Hitten Strasse
8 Nymphäum-Ain el-Karyoun
9 El-Karyoun Strasse
10 El-Manarah Platz
11 Moschee en-Nasr
12 En-Nasr Strasse
13 Grab des Bedr er-Rafia

14 Suq oder Khan el-Tujjar
   Strasse
15 Hanbali Strasse
16 Yasmeeneh Strasse
17 Yarmouk Strasse, Kreuz-
   fahrerreste
18 Bank Platz, alter latei-
   nischer Patriarchensitz
19 Kirche St. Demetrius
   (griechisch orthodox)
20 Ghirnata Strasse
21 Moschee el-Khader
22 El-Fatimiyeh Strasse
23 Moschee el-Khadra
24 Auffahrt zum Garizim
25 Omar Strasse

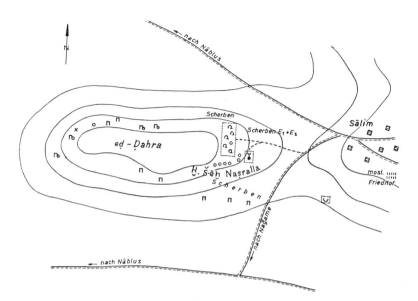

Abb. 5. Lageskizze von Khirbet es-Seikh Nasralla
und Sâlim. (L.Wächter, ZDPV 84 (1968) 68 Abb.1)

| | | | |
|---|---|---|---|
| Grab | ⊓ | Weli | |
| Grab mit Rollstein | ⊓ | Dorfbrunnen | |
| Zisterne | o | Fahrweg | |
| Feuersteinmesser | x | Fussweg | |

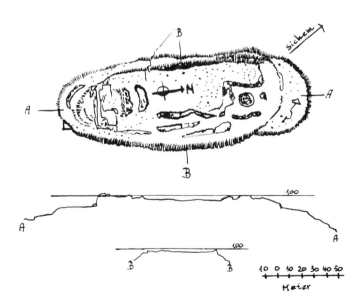

Abb. 6 Lageskizze von Khirbet el-ᶜUrmeh. (E.F.
Campbell Jr., BASOR 190 (1968) fig. 17)

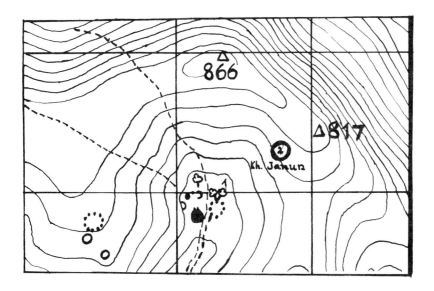

Abb. 7. Lageskizze von Khirbet Janun und Umgebung.
1: Byz. Keramik; moderner arabischer Bauernhof
2: Antike Ruinen, EZ I und EZ II Keramik
(Zeichnung: K. Jaroš)

Abb. 8. Sichem Feld IX, Area 4: Chalkolithische Oberfläche. (J.A.Callaway, BASOR 180 (1965) 16 fig.5)

Abb. 9. Chalkolithisches Basaltschalenfragment von
Tananir. (Foto: K. Jaroš)

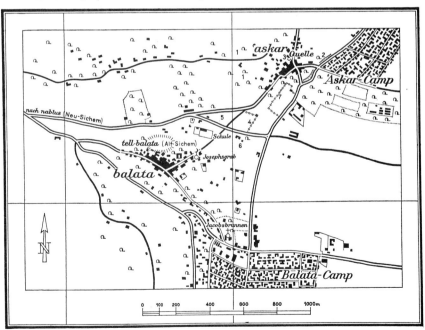

Abb. 10. Plan von ᶜAskar und seiner Umgebung. (H.M.
Schenke, ZDPV 84 (1968) fig.1)

Abb. 11. Fragment einer Schale, die aus 18 Stücken
zusammengesetzt ist, SB. (S.H. Horn/L.G. Moulds,
AUSS 7 (1969) Pl. V, 155. Foto Kunsthistorisches
Museum Wien)

76

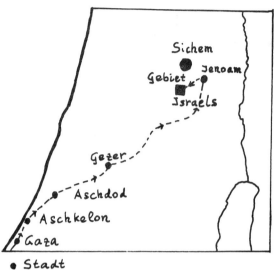

Abb. 12. Feldzug des Pharao Merenptah. (Zeichnung:
K.Jaroš)

Abb. 13. Römische Stufen, die von Tell er-Râs ins Tal
führen. (Foto: K. Jaroš)

Abb. 14. Münze aus Neapolis, die den Garizim bewaldet
zeigt. Stufen führen vom Hadriantempel auf Tell er-Râs
den Berg hinunter und münden in einer Kolonnade. (R.J.
Bull, BASOR 190 (1968) fig.1)

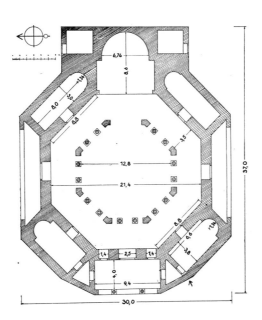

Abb. 15. Grundriss der Theotokos Kirche auf dem Garizim. (A.M. Schneider, ZDPV 68 (1946-51) Abb.2)

Abb. 16. Mosaikfragment aus der Theotokos Kirche auf
dem Garizim. (A.M. Schneider, ZDPV 68 (1946-51) Abb.3)

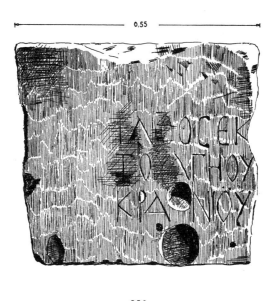

Abb. 17. Reliquiarinschrift aus der Theotokos Kirche
vom Garizim. (A.M. Schneider, ZDPV 68 (1946-51) Abb.10)

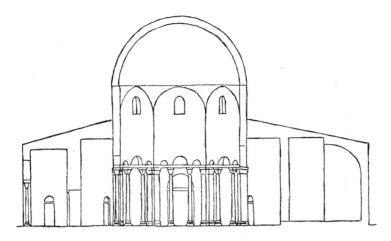

Abb. 18. Schnitt durch die Theotokos Kirche vom Garizim, Rekonstruktion. (A.M. Schneider, ZDPV 68 (1946-
51) Abb.11)

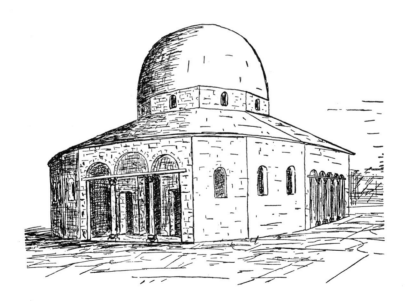

Abb. 19. Rekonstruktion der Theotokos Kirche vom Garizim, von Südwest gesehen. (A.M. Schneider, ZDPV 68
(1946-51) Abb.12)

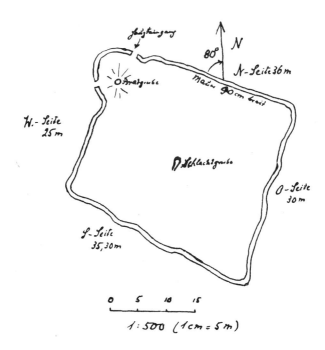

Abb. 20. Skizze des Festplatzes der Samaritaner auf dem Garizim. (J. Jeremias, Die Passahfeier der Samaritaner, BZAW 59, Giessen 1932, 1.Skizze)

Abb. 21. Ausschnitt aus der Madaba-Karte. (Foto: K. Jaroš)

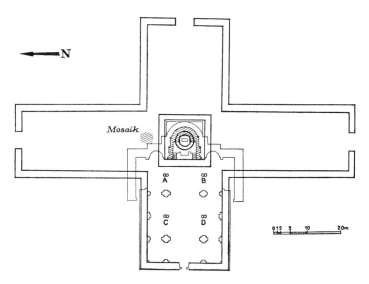

Abb. 22. Kirche über dem Jakobsbrunnen: Grundriss der
byzantinischen Kirche zu dem der Kreuzfahrer-Kirche.
(H.M. Schenke, ZDPV 84 (1968) Abb.2)

Abb. 23. Weli des Abu Ghanem am Garizim. (Foto:
K. Jaroš)

## Die Besiedlung zu den verschiedenen Perioden:

Chalkolithikum: 19.31.37.
FB: 11.14.19.24.39.40.42.44.
MB I: 9.24.37.
MB II C: 5.9.11.14.19.23.24.31.
SB: 5.9.11.14.19.23.24.31.
    32.37.40.42.43.44.45.
SB: 5.13.14.11.20.23.24.
EZ I: 5.13.14.11.20.23.24.
    27.28.29.31.34.39.40.
    41.42.43.44.45.48.
EZ I c: 14.43.44.
EZ II: 5.9.11.14.17.18.20.
    21.22.23.24.25.26.
    30.32.33.34.36.37.38.
    39.40.41.42.44.45.46.
    47.48.
P: 11.32.34.38.39.40.41.45.
H: 12.14.15.16.19.20.24.31.
    32.33.37.38.39.40.41.42.
    44.45.

1. Tell Balâṭah
2. Balâṭah
3. Josefsgrab
4. Jakobsbrunnen
5. cAskar
6. Tananir
7. Garizim
   a) Erster Gipfel
   b) Zweiter Gipfel
      Tell er-Râs
   c) Luza
8. Ebal
9. cArâq et-Tayih
10. Nablus
11. Tell Miske
12. Khirbet Suwâr
13. Khirbet el-cUqûd
14. Khirbet Kefr Kûz
15. cAzmûṭ
16. el-Kharâbeh
17. Deir el-Haṭab
18. Diyâra
19. Sâlim
20. Khirbet eš-Šeikh Naṣrallah
21. Najamet Sâlim
22. Khirbet Qaṣtine
23. Khirbet Suweiha
24. Beit Dajan u. Râs ed-Diyâr
25. Tell en-Najameh
26. Rijâl el-Arabacîn
27. Khirbet Ibn Naṣr
28. el-Funduq
29. Immâtin
30. Farcate

31. Rûjeib (Rûjib)
32. Khirbet Shurrâb
33. Khirbet Haiya
34. Khirbet Tacna el-Fauqa
35. Khirbet Tacna et-Taḥta
36. Tell er-Râs (S)/
    en-Nabi cUzeir
37. Khirbet eṭ-Ṭira
38. Beit el-Khirbeh
39. Khirbet en-Nebi
40. Tell Ṣofar
    (Tell Ṣûfan)
41. Tell Abu Zarad
42. Khirbet Sûr
43. cArâq Bûrîn
44. Kûma
45. Khirbet el-cUrmeh
46. ohne Name
47. Yassuf
48. Khirbet Janun

0 1 2 3 4 5 km

1 : 100 000

S I C H E M - A R E A

Quelle •
Ort ●
Berg ▲

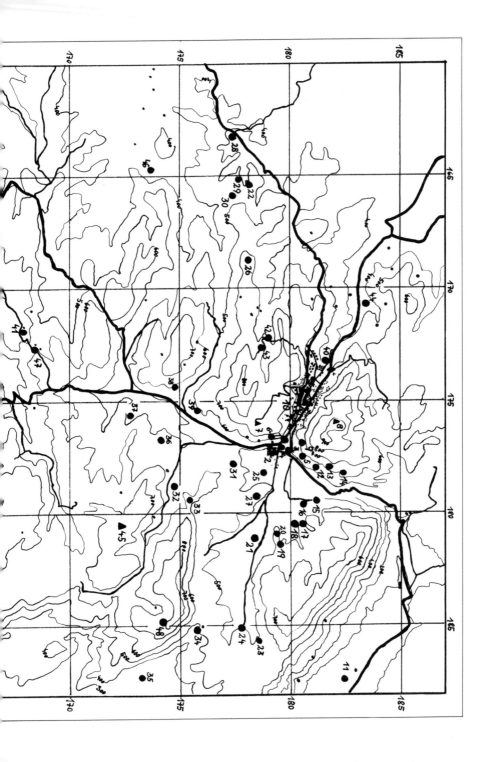